U0839931

告诉自己太好了！

卢勤家庭教育

卢勤 著

译林出版社

总序

受欢迎的知心姐姐

徐惟诚

知心姐姐写的书是受人欢迎的。孩子们欢迎，家长也欢迎。她的每一本新书写出来都很畅销，一版、再版，还不断有人盗版。当然，我们不赞成盗版。这种做法不但损害了作者和出版社的权益，而且往往错误百出，更直接损害了读者的权益。然而，这种现象如今却屡禁不止，只能说明客观上社会对这类好书有着强烈的需求。

中国是个人口大国。每年出生的孩子远超过一千万，在孩子的身上寄托着民族的希望，也寄托着家长的希望。人们努力把最好的东西奉献给孩子，希望他们有幸福的童年，希望他们健康成长，希望他们将来能创造更幸福的生活，担当起民族振兴的重任。

然而在现实生活中，许多孩子却往往感到很苦恼，并不快乐。许多家长也因为孩子苦恼而倍加苦恼。孩子们感到学习负担太重，学得太苦太累；感觉不被理解，父母的要求太高太琐碎；感觉不到成功的喜悦，也感觉不到父母的爱。家长们不明白孩子究竟想要什么，觉得已经尽其所能（许多时候甚至超过自己的所能）来满足孩子的需求，孩子比自己小时候幸福多了，可为什么孩子还不听话，不爱学习爱顶嘴呢？总之是跟自己的期望差得很远。他们叹气，但是不知道该怎么办。

知心姐姐写书就是应这种需要而做的努力，而且是一种成功的努力。她的书中说的都是有关孩子健康成长的话题，给人以正确的目标，给人以坚定的信心，更给人以可操作的方法，使人读了以后不由得产生会心的微笑："这说的不就是我吗？"找到了摆脱困境的出路，一试果然奏效。于是，她就赢得了广大读者。

"知心姐姐"本来是《中国少年报》上一个面向读者解答问题的专栏。卢勤同志主持这个专栏多年，最终打造出了这样一个知名的品牌。其中的奥秘何在？

首先，她爱孩子。一听到有关孩子的事，卢勤就两眼放光。听到孩子有什么困难，她千方百计也要想办法帮助解决。孩子说什么，孩子的父母说什么，她都能倾听，而且不断地引导、鼓励对方把话说完，说透。这样她就能彻底理解孩子，也能充分理解家长。于是，她说出来的话就能为对方着想，并且从对方的实际出发，真正做到了"知心"。这正是做思想工作解决问题的第一个最根本的条件。因为做到了这一点，孩子们把她看成知心姐姐，家长们也把她看成知心姐姐，她就成功了一大半。

其次，她很勤快。她的名字叫卢勤，确实也勤于学习。别人有什么好主意，她就会马上记到自己的小本子上，而且记得特别详细，到时候拿出来就能用。孩子的倾诉，家长的倾诉，她都不厌其烦地一一记下，也记得特别详细。这样，她肚子里就有说不完的有关孩子成长的故事，有成功的经验，也有失败的教训。许多地方请她去做有关孩子健康成长的报告，她都尽可能地不予以推辞，终年四处奔波，一遍遍地讲，讲完了还耐心回答各种提问。她的思想就在这样的劳顿之中一遍一遍被打磨得更成熟、更精致。她说的道理是正确的，但又不全是套话、空话，更不是令人难以理解的官话，而是合乎道理、实实在在、一针见血的大实话。这就自然受到了孩子们和家长的欢迎。

也许她还有许多其他的重要经验，但是我认为这两条是最根本的，也是最重要的。

新中国这60年的进步实在太大、太快了。60年前，能上小学的人比现在能上大学的人还要少。无论社会条件、家庭条件、孩子们接触的事物、未来的前途，都是过去不可能设想的。新的条件产生了新的期望，自然也产生了新的矛盾、新的苦恼。只凭主观愿望、主观想象，往往要碰钉子，而且只依靠老办法那是肯定不够用的。在这样的历史时期，我们有理由期望我们的孩子成长得更健康、更阳光，将来也更有成就。但是，要把这样的期望化为现实，需要解决无数过去没有碰到或者没有想到的新问题，而且许多老问题也会以新的形态出现，要求寻找新的解决方法。这就需要知心姐姐发挥更多、更大的作用。

最后，希望有更多类似知心姐姐这样的有志之士站出来，为一代又一代新人的成长出力。

序

让孩子插上情商的翅膀

李学谦

读卢勤的新书《告诉自己太好了！》,一个词在脑子里久久地盘桓：情商。

人不是孤立的个体，免不了要和各种各样的人打交道，置身于各种各样的社会环境和自然环境；人生不是一条笔直的路，免不了会有弯道、挫折和坎坷，因此，眼光放远了看，最强大的个体往往是那些借助团队和社会力量的人，最后的赢家往往是那些输得起的人。靠什么实现“借助”和“输得起”？答案是情商。

1995 年哈佛大学著名心理学家丹尼尔·高曼的《情商》一书问世后，情商问题在世界范围内引起教育界和社会各界广泛而持久的关注。丹尼尔·高曼把情商概括为五个方面的能力：认识自身情绪、管理自身情绪、自我激励、认知他人的情绪、人际关系管理。丹尼尔·高曼认为这五个方面和人一生的成功有重大的关系。后来的研究表明，在孩子的成长中，真正阻碍他发展的，不是学习成绩，而是自信心、情绪控制能力、独立性、目标、责任感等非智力因素。有人把情商与成功的关系概括为“20% 智商 +80% 情商 = 成功”，可能不无道理。卢勤在这本书中讲了不少教育故事，读者不难把这些故事与对情商问题的研究联系起来思考。

情商在孩子成长中的作用在中国也受到越来越多的重视，学校开始重视素质教育，与情商有关的各种书籍、培训班也应运而生。但不可否认的是，教育工作者也好，为人父母者也好，对情商的重视还远远没有达到对智商那样的程度。这一点，看看孩子们的学习现状就知道了，作业多、考试多、补习多，仍然是孩子们无法摆脱的现实。这种状况的形成，除了教育制度、教育观念等方面的原因外，也与情商教育在方法上的缺失有关。讲到智力开发，父母知道给孩子买什么样的教辅读物，送孩子上什么样的补习班。讲到情商培养，父母就难免无从入手了。

卢勤的这本书是一本关于情商教育的书，却不是泛泛地讨论情商，而是具体入微地告诉你怎样帮助孩子培养情商，有很新的实用性。书中列举的快乐人生的三十六个朋友，实际上是孩子们在成长过程中发现自己、认识自己、管理自己，以及发现他人、认识他人、管理人际关系的三十六种态度和方法。问题是孩子在成长过程中经常遇到的问题，方法是被教育实践证明行之有效的方法，叙述又是从一个个生动的教育故事入手，相信无论是大人还是孩子，拿起这本书就能读进去，读了就会受到感动和启发。说这本书既有理论背景又有很强的现实针对性和可操作性，应当不是溢美之词。

我和卢勤既是同事又是朋友，对教育问题的许多看法，我们都是相似的。我所不及的是她的那份专注和投入。在祝贺卢勤新作问世的同时，我衷心祝愿她始终保持旺盛的热情和活力，继续做孩子们的“知心姐姐”，为孩子们的成长做出更多更大的贡献。

让我们一起为孩子们的成长插上情商的翅膀！

Contents | 目 录

第一课　善待你自己

快乐人生的第一个朋友——微笑　2

快乐人生的第二个朋友——高兴　6

快乐人生的第三个朋友——积极　10

快乐人生的第四个朋友——忍受　16

快乐人生的第五个朋友——乐观　20

第二课　奉献你自己

快乐人生的第六个朋友——真诚　26

快乐人生的第七个朋友——分享　32

快乐人生的第八个朋友——体谅　36

快乐人生的第九个朋友——知心　40

快乐人生的第十个朋友——感恩　44

第三课　相信你自己

快乐人生的第十一个朋友——梦想　50

快乐人生的第十二个朋友——大胆　55

快乐人生的第十三个朋友——大度　59

快乐人生的第十四个朋友——争气　63

第四课 打开你自己

快乐人生的第十五个朋友——赞美 70
快乐人生的第十六个朋友——融合 73
快乐人生的第十七个朋友——宽容 78
快乐人生的第十八个朋友——理解 83
快乐人生的第十九个朋友——悦纳 87

第五课 充实你自己

快乐人生的第二十个朋友——乐学 92
快乐人生的第二十一个朋友——好问 97
快乐人生的第二十二个朋友——专心 101
快乐人生的第二十三个朋友——冥想 105
快乐人生的第二十四个朋友——创新 109

第六课 认识你自己

快乐人生的第二十五个朋友——自尊 114
快乐人生的第二十六个朋友——阅读 120
快乐人生的第二十七个朋友——自爱 124
快乐人生的第二十八个朋友——自信 128

第七课 发挥你自己

快乐人生的第二十九个朋友——传递 134
快乐人生的第三十个朋友——公益 138
快乐人生的第三十一个朋友——坚强 143
快乐人生的第三十二个朋友——自强 147

第八课　管理你自己

快乐人生的第三十三个朋友——自控　152
快乐人生的第三十四个朋友——坚持　156
快乐人生的第三十五个朋友——自律　160
快乐人生的第三十六个朋友——坚韧　164

第一课

善待你自己

你是独特的，你是唯一的，你是珍贵的存在，你是自己生命的主宰。如果你能以积极乐观的态度去面对这个世界，脸上始终挂着微笑，高兴地对待身边的每一个人，勤奋地工作，那么你的人生才会是丰富多彩的，你才真正做到了善待自己。

快乐人生的第一个朋友——微笑

笑星子尤传奇

“烦死了，烦死了，烦死了……”一个男孩在给我的信中一连写了十个“烦死了”。看他好像得了“烦死了”病。到哪儿去找治“烦死了”病的灵丹妙药呢？真急人！

一次，我去全国少工委开会，偶然听北大附小大队辅导员王丽萍老师说，她有一个不幸的学生叫子尤，小小年纪得了癌症，可是他很乐观，当他得知自己得的是纵膈肿瘤（据说是妈妈生子尤时将畸胎留在了子尤的胸部），他笑着对妈妈说：“这么好的故事你怎么不早跟我讲，你太不理解我了！我二分之一的时间都和他一块儿玩，我只会高兴，会大笑！”手术后，他写了一本书《谁的青春有我狂》。

天下竟有这般乐观的男孩！我简直不敢相信自己的耳朵，决定立即去采访他，也许他书里有治“烦死了”病的药方。

匆匆吃了午饭，我就和王老师一起去看子尤。王老师告诉我，子尤长期卧床，血小板只有两千（正常值 10 万 ~ 30 万），随时有生命危险，出院后一直住在一楼的姥姥家。我想他一定是个弱不禁风、无精打采的男孩。

见到子尤，我惊呆了！

眼前的子尤，虽然半卧在床上，可满头乌黑的鬈发，映衬着一张好看的脸庞，脸上没有忧愁，只有微笑。看看那甜甜的微笑，我紧张的心一下松开了，好像阳光洒进了心田。

“子尤长了双弯弯笑眼，特别爱笑。笑起来，收不住。”这是妈妈的评价。

“子尤，能告诉我你为什么那么爱笑吗？”我问。

“从小我脑子慢，小学上得懵懵懂懂，可说相声、学卓别林走路倒有一手，这些兴趣都在日后深深地影响着我。比如关于卓别林的文章，我每年都会写，每年都有新体会。”

“我有一个自创的精神世界，在那里可以高兴地编故事，并用积木充当一个个人物演出来，生活在我眼前就是一场大戏……”

子尤滔滔不绝地讲起自己的美好回忆：说相声，演小品，阅读幽默小说和漫画，写电影故事，办“月亮文学社”，用 DV 拍电影，写小说……

“想干的事我都干成了，你看我有多快乐！学校每周评笑星都是我。”

看到子尤满脸的幸福，我也笑了。

“做那么大的手术，你不怕吗？那时还笑得起来？”我不解地问。

“我是触摸到了死亡温度的人，连死都经历了，还怕什么？缝针、拆线时，我自己举着镜子看，医生都吓坏了。能有分享这种体验的机会是多么难得呀！”

妈妈打开日记本，上面记载着子尤手术后对妈妈说的话，每段都让我感动。

2004 年 6 月 29 日，手术后第 4 天。

“我不怕死，我这 14 年过得多么生机勃勃、波澜壮阔，在哪方面我都没有遗憾。”

“上天准备今年送一个金灿灿的肿瘤给一个人，他怕胆小的人支持不住，所以他就准备送给一个乐观的人……于是，他送给了我。我是超越一切的，我把这叫享受。”

我一下子明白了，子尤的微笑来自他对生活的热爱，对生命的理解，对自己的信心！微笑，正是治疗“烦死了”病的最佳药方。

男孩，你想赶走“烦恼”吗？你想和“微笑”交朋友吗？请做三件事：

一、试着在沮丧、失败、烦恼的时候微笑，相信微笑能战胜恐惧，驱走烦恼，也会击垮你的消极情绪。

二、创造一个令人发笑的环境，多看看幽默小说或漫画，听听相声，看看小品，在不知不觉中你会变得开朗起来。

三、有力地告诉自己：“我准备笑。”然后，笑！

父母的微笑是孩子的太阳

儿子，是妈妈的骄傲。

子尤的妈妈说，子尤做穿刺那天，李医生叫家属进去时，一屋子大夫异口同声地说，这孩子太懂事了，太勇敢了，太配合了。虽然穿刺像一把刀插在子尤的胸膛里，痛苦不堪，但子尤一直微笑着面对所有的人。

妈妈，是儿子坚强的后盾。

子尤对我说，他手术那天，妈妈穿着大红盛装，脸上带着动人的微笑，光彩照人。手术前，妈妈和他一起看喜剧片《我爱我家》，一起开怀大笑。正是妈妈的乐观给了子尤战胜病痛的力量。

采访中，我也切切实实感受到，柳红（子尤的妈妈）对儿子的爱很特别。她一直和儿子一起编织着童话，一起创造快乐，享受快乐，一起笑。

男孩不需要安慰，需要鼓励。

“男儿有泪不轻弹。”面对痛苦、挫折和困难，妈妈乐观积极的人生态度，是对儿子最大的爱。

手术后，子尤对妈妈说：“上天派一些人来到世上，是来做天使的，他（她）们是来为世界增添光彩的。”

妈妈对子尤说：“儿子，你就是天使！”

还有什么礼物，比父母的信任更让儿子激动？还有什么药物，比父母的鼓励更让儿子坚强？

人生难免会遇到大风大浪。如果儿子是一只小船，那么母亲就是大海，她托着小船，推着小船勇往直前，她鼓励儿子战胜风浪，划向彼岸。

父母满意的微笑，正是男孩心中永不落的太阳。

爸爸妈妈们，千万不要吝惜你们的微笑。

朋友的名片

姓名：微笑

特征：脸上总是挂着不落的微笑，无论是成功还是失败，是快乐还是痛苦。不仅自己高兴，还要让别人快乐。

口头禅：太好了！

快乐人生的第二个朋友——高兴

家庭快乐制造厂

大连女孩希希的爸爸妈妈离婚了。在希希很小的时候，爸爸就走了。希希很想爸爸，在幼儿园，别人的爸爸来接孩子的时候，希希总是远远地跟在后面。后来老师和妈妈为了让希希开心，便告诉希希，爸爸出国赚钱去了。从此，家里只要有电话铃响，希希肯定第一个冲过去，因为她一直以为是爸爸来的电话。爸爸的电话一直没有来过，希希便沉默了，经常在角落里发呆。而妈妈在一贫如洗的情况下，眼泪都快哭干了。

慢慢地，妈妈发现5岁女儿希希的脸上没有了笑容，而且三天两头闹病。眼看希希要上小学了，这样下去会影响学业和成长。妈妈决定每天早起40分钟，带着女儿出去跑步锻炼。希希不愿意，妈妈就边跑边讲故事：

有一只大老鼠每天都带着几只小老鼠出去散步。一天，迎面跑来了一只猫，小老鼠吓得躲到大老鼠背后，鼠妈妈大叫一声："孩子们，别害怕，看我的！"说着，她朝着猫："汪！汪！汪！"大叫几声。"狗"的叫声把大猫吓跑了。小老鼠佩服得五体投地："妈妈，你可真有本事啊！"大老鼠得意地说："孩子们，要记住，这年头每个人都要学会几句外语！"

妈妈讲的笑话把女儿逗得哈哈大笑。妈妈突发奇想，何不在家里开办个快乐制造厂，自己生产快乐！

母女俩一拍即合。经讨论，希希当上了厂长兼总工程师，妈妈当了副厂长兼副总工程师，轮流值日。当班的厂长每天必须给另一个人制造出至少一个笑话来，否则受罚——洗两个人的臭袜子！从此家里有了笑声。

又是一个休息日，轮到希希创造快乐了。妈妈正在厨房烙煎饼，火烤得汗流浃背之时，忽听一声："圣旨到！"只见女儿两手扯着一张黄纸来到厨房，打开喊道："奉天承运，皇帝诏曰，朕念正纯（妈妈的名字）烙饼有功，特赐玉米糖一块，钦此。"希希的举动让妈妈笑弯了腰，赶忙说："谢主隆恩！"辛苦顿时消散，那煎饼比以往香十倍。

从此，"欢乐制造工厂"制造出一系列故事，妈妈发现女儿越来越开朗、幽默，笑话一个比一个精彩。这到底是怎么回事呢？原来，希希有一个小本子，到处收集笑话，逗妈妈乐。

一天，希希认真地对妈妈说："今天上课老师问王小刚同学：'圆明园是谁烧的？'王小刚说：'不是我烧的！'老师给他妈妈打电话。他妈妈说：'我儿子从不撒谎，没烧就是没烧！'他妈妈去找他爸。他爸说：'烧了就承认，该多少钱咱赔！'"

妈妈把肚子都笑疼了，问女儿："你哪来这么多笑话？"希希这才承认是从书上看的："不就是为了让您高兴吗？"

妈妈感动极了，感动不如行动。"你的袜子我天天包了！"妈妈说。

女儿笑着说："从今天开始，您的袜子我来洗！"那年希希9岁。从这以后，母女俩的袜子希希全包了！

有一次，我和这对母女一起去中央电视台录节目，希希对我说："我们这个工厂百分之百盈利，非常红火。我们投入脑力、记忆力、创造力，生产出了快乐。”

你想快乐吗？那就学习希希和她妈妈，自己去创造吧！

父母的微笑是孩子的太阳

人们常常认为，单亲家庭的孩子缺少快乐，是因为没有父亲或母亲；单亲母亲缺少微笑，是因为没有丈夫。其实，这些都不是主要的，最主要的是看你心里快乐不快乐。心里快乐了，你就会发现快乐，享受快乐，传播快乐。生活像一面镜子，你对它笑，它就对你笑；你对它哭，它就对你哭；你对它发怒，它就对你发怒；你善待它，它就一定善待你！所以，真正创造快乐和痛苦的工程师不是别人，正是镜子里的自己。

希希的妈妈尹正纯和女儿一起走出了痛苦，创造了快乐。她对我说：“随着笑声的培养，我和女儿这两个快乐工程师当得得心应手。快乐的细胞在我们身上长出来了。这细胞繁殖能力极强，成倍翻番地增长。快乐就像随身携带的囊中物，可以在有意无意间信手拈来。尤其是女儿，简直成了快乐天使，满目都是美景，满耳都是佳音，干什么都快乐，随时随地都能幽上一默。从此，快乐就这样长驻我们这个单亲家庭了。女儿学习优秀，好几种病不治而愈。”

这个“家庭快乐制造工厂”真是太神奇了，母女俩创造的不仅仅是几个笑话，而是一种温馨、和谐、快乐的家庭环境，制造了一种积极心态，制造了乐观面对不幸的人生态度，真是“改变心情就改变了世界”。在快乐的世界中长大的孩子，往往拥有良好的心态、开朗的性格和悦纳别人的长处，这样的孩子受人欢迎，会为终生快乐奠定基础。

用希希妈妈的话说是：“快乐满地跑，看你找不找。”

朋友的名片

姓名：高兴

特征：高兴的人会感受快乐、创造快乐、传播快乐，所以别人喜欢和他在一起，这样可以分享快乐。

口头禅：我今天真高兴！

快乐人生的第三个朋友——积极

快乐不是别人给你的，而是自己感受到的。感受快乐是一种能力，怎样获得这样的能力呢？今天我送给男孩子一个朋友——积极的生活态度。

苦变乐的“咒语”——太好了！

我们的生活中，每天都要发生很多事。而每件事都有正反两面，这样看也许是快乐，那样看没准是烦恼。如果能够及时调整心态，积极乐观地对待每件事，可是个大本事呢！

许多父母向我反映，说孩子们特愿意和“知心姐姐”去夏令营、冬令营，平时显得很娇气的孩子，参加夏令营、冬令营后，就会变得很独立、很勇敢。他们很纳闷，一个劲儿地向我打听究竟用了什么魔法。我笑着告诉他们说：“魔法其实很简单，就是一句‘咒语’——太好了！”

有一次，我们带了30多位北京的小学生前往丹顶鹤的故乡——齐齐哈尔市郊扎龙自然保护区，参加“感受大自然”夏令营。

出发前，夏令营在北京举行了出征仪式，许多领导都来为孩子们送行。当时，大厅里黑压压地挤满了人，光家长就来了100多个。仪式的最后一项内容是“营长”讲话。作为夏令营的“营长”，我首先请全体同学把眼睛闭上，然后缓缓地说："小营员们，我们即将前往的地方是丹顶鹤的故乡，一个神话一样美丽的地方。那里天很蓝，云很白，草很绿，丹顶鹤很漂亮！但是，那里的蚊子、小咬很多，咬人很疼；如果你觉得自己忍受不了，现在还可以决定不去。再有，一会儿仪式结束后，你们必须自己扛着行李走到火车站，相信你们可能从来没扛着东西走过这么远的路；如果你们走不动，也可以现在就申请不去。好，打算不去的同学现在请举手。"讲完话，我有意停顿一下，看着同学们，可全场没有一个人举手。

"大家睁开眼睛吧！"我接着问，"你们是不是都做好了去的准备？"

"是！"声音震耳欲聋。

"好！如果大家决心已定，作为营长，我只对你们提一个要求，那就是从现在开始，无论遇到什么事，每个人就只能说'太好了'，而不要说'太糟了'。你们能做到吗？"

"能！"声音比刚才还大。

"那么，我还要和爸爸妈妈们说几句。"面对上百名家长，我大声问道，"听了我的介绍，你们当中有没有舍不得让孩子去受苦的？如果有，现在就可以先把孩子带走。"

"舍得！"家长们居然也像孩子一样高声喊着。

"好！如果这样，我也对父母们提个要求，等孩子从夏令营回来时，无论他变成什么样，你们都要说'太好了'，而不能说'太糟了'。"人群中发出笑声。

"好！全体出发！"我下达了"一号"指令。孩子们纷纷自己背起行李，全场没有一个家长上前帮忙。队伍出发了。

很快我发现，队伍中有一个矮矮的小姑娘，背着一个又大又沉的背包。想来这包行李一定是妈妈亲自帮她整理的。妈妈认为，肯定能亲自把女儿送上火车，下了车也肯定会有人帮女儿拿行李。可是她想错了，这回没人帮忙！我一直跟在小姑娘身后，但始终没有帮她一把。因为我相信，她能行！不一会儿，小姑娘脸上的汗水和着泪水一起滚落下来，可她嘴里却狠狠地一直念叨着“太好了”，再看看她那痛苦的表情，分明是在说“太糟了”，一直到上了火车，她才露出微笑。

到了扎龙，那里的风光确实很美，丹顶鹤也确实很漂亮；可是，蚊子和小咬也确实很多，一团团像轰炸机一样，疯狂地追咬着小营员们。只见孩子们一边紧闭双眼拍打蚊虫，一边始终大叫着：“太好了！太好了！这里的蚊子够聪明，不用特工侦察就知道咱北京孩子的血最甜！”

“嘘，小点声！当心把附近的蚊子全招来！”

“这还用保密吗？地球人都知道！”

“哈哈哈……”

闭营式上，孩子们更是争着上台发言。那个背大包的小姑娘第一个上去就说：“我被蚊子咬了 108 个大包，因此我要说句‘太好了’！”我问她为什么？她回答说：“有了这次经历，以后再挨咬我就不怕了！”一个男孩幽默地说：“来到扎龙，最欢迎我的就是‘蚊子兵团’！经过一番‘亲密接触’，我喂了蚊子，蚊子喂了丹顶鹤。所以说，我为保护丹顶鹤做出了‘贡献’！就因为这一点，我要夸自己一句‘太酷了’！”小营员中爆发出一阵笑声，而我却忍不住流泪了，这是他们战胜自己的声音！

回到北京时，家长们全都赶到火车站迎接孩子。虽然已是晚上 10 点多，可孩子们个个精神抖擞、兴高采烈，见到父母的第一句话就是：“太好了！下次夏令营我还要去！”爸爸妈妈看到孩子脸上、胳膊上被咬得大包小包，非常心疼，可也都咬着牙说：“太好了！下次还让你去！”

如果说“知心姐姐”有什么魔法，那么，魔法就是——“太好了”这三个字，谁用谁灵。

如果你想试试，今年寒假你可以报名参加“与知心姐姐同行”冬令营，体验一下这句话灵不灵。

“太好了”这三个字虽然普普通通，可却拥有着无穷的魅力。它仿佛就是振奋人们精神的号角，能够把你心中的失望和沮丧吹掉，激发出一股努力向前的勇气；能够把你在前进道路上遇到的不愉快，转化成推动你继续前进的坚强动力。如果有一天，你能够真的做到把艰苦看作快乐，那你的一生就会减少许多烦恼，增添许多欢乐！

身在苦中不觉苦，将来才能少吃苦。

面对艰苦，怎样才能快乐呢？记住这句“咒语”——太好了！

面对艰苦，你保持着“太好了”的心态，那你是主动的，你大脑所有的细胞都处在兴奋的状态，所以你不觉辛苦。

面对艰苦，你是“太糟了”的心态，那你是被动的，你所有的大脑细胞都处在疲倦的状态，所以你就会觉得紧张，觉得辛苦。

身体的劳累很大程度是因心理的疲劳造成的，所以积极地面对艰苦的工作和环境，便能防忧消愁。

心态决定成败

许多孩子考试爱紧张，为什么？因为怕考砸回去被父母打骂。一个男孩没考好，老师让他把卷子拿回家请家长签字。第二天，老师问这名男生，你的家长有什么反应呀？这男生沮丧地说：“昨天晚上我挨了一顿‘男女混合双打’，过去是‘单打’，现在是‘该出手时就出手’！”

我听到过一个小和尚打油的故事：

从前，在山中的庙里，有一个小和尚被派去买油。在离开前，庙里的厨师交给他一个大碗，并严厉地警告：“你一定要小心，绝对不可以把油洒出来。”

小和尚答应着跑下山，到厨师指定的店里买油。在上山回庙的路上，他想到厨师凶恶的表情和严厉的告诫，越走越紧张。小心翼翼端着装满油的大碗，丝毫不敢左顾右盼。眼看走到庙门口，一脚踩到一个坑，洒掉了三分之一的油，小和尚越发紧张，手脚开始发抖。等回到庙里时，碗中的油只剩了一半。

厨师大怒，指着小和尚骂道："你这个笨蛋！我不是说要小心吗？为什么还洒了这么多油，真是气死我了！"

小和尚非常难过。

一位老和尚听到了，过来问是怎么一回事。了解以后，他就去安抚厨师的情绪，并私下对小和尚说："我再派你去买一次油，这次我要你在途中多观察你看到的人、事、物，并且回来向我详细描述一下。"

小和尚不想去，说自己油都端不好，根本不可能既端油，还看风景。但是最终，小和尚还是要听老和尚的，勉强上路。

在回来的途中，小和尚发现，路上的风景真美。远方有雄伟的山峰，不远处有耕种的农夫。不久，又看到欢快的孩子在路边的空地上玩耍，两位白发老先生兴致勃勃地下棋。小和尚就这样边走边看风景，不知不觉回到了庙里。当小和尚把油交给厨师时，竟发现碗里满满的油，一点儿没有洒出来。

厨师关注的是碗里的油，让小和尚无比紧张，结果是"油洒了一半"；老和尚在意的是过程，结果小和尚心情放松，碗里的油一滴未洒。

这是为什么呢？因为心态决定成败。

油还是那碗油，路还是那条路，小和尚还是小和尚，由于心态不同了，结果就完全不同了。

生活往往是这样，父母把全部希望系于孩子，最终什么都得不到。

因为，引领孩子成长的不是父母，而是孩子自己的心态。

朋友的名片

姓名：积极

特征：接受任务很主动，遇到困难很高兴，碰上艰苦肯定要说："太好了！我又有锻炼的机会了！"

口头禅：我来了！

快乐人生的第四个朋友——忍受

我的办公桌上放了一大摞女孩来信，她们纷纷向“知心姐姐”诉说痛苦。怎么把她们从“苦海”里救出来呢？今天我就送女孩们一个朋友，能帮你渡过“苦海”。她是谁呢？

阳光总在风雨后

人们常把女孩称为“幸福天使”，可是许多女孩却被痛苦缠绕。

我认识一个16岁的北京女孩叫萧晗，她和一个男生很要好，可是有一天男生提出和她分手，原本活泼开朗的女孩陷入了深深的痛苦中。我请她参加了我和向平主持的“知心家庭·谁在说”的电视节目，她的情绪平静多了。

可有一天又出事了。

那是去年国庆节，阳光格外灿烂。

一大早，萧晗的妈妈打来电话，哭得很伤心：“知心姐姐，快救救我女儿，她走了，留下一份遗书，叫我‘珍重’，说再也不回来了……我不能没有女儿，你快救救她吧！”

我立刻给萧晗发了一条短信：

“国庆节好！你一定出去玩了吧！我有点惨，昨天下午去一所学校，出门时不小心踩空了，脚扭伤了，轻微骨折，不能出门，心里有些懊丧。可一想，本来就打算‘十一’放假在家写书，这样不是更安心吗？太好了！人生总有些不顺心的事，要想得开……”

几分钟后，萧晗发回短信：

“知心姐姐，祝您节日快乐！早日恢复健康！”

这小丫头，避重就轻，只字不提自己的事。

很快，萧晗发来第二条短信：

“知心姐姐，如果前面有两条路，您选哪一条？一条为别人去死，一条是为自己痛苦地活着。”

“当然是第二条！”我立马发出短信，“留得青山在，不怕没柴烧！用别人的错误惩罚自己是最傻的！每个生命都是奇迹。我们来到这个世界上多不容易，我怎么会去死呢？我还有许多事要做呢！痛苦算什么？改变心情就改变了世界！”

“那为何会很难呢？”萧晗发来第三条短信。

我的先生一直在旁关注这件事，他突然说：“我给她发一条！”

他写道：“因为人生本来就是与困难做斗争的，渡过了这一关，明早起来打开门窗，你会发现，天空仍然很蓝。一定要相信，阳光总在风雨后！”

“谢谢！”两分钟后，萧晗发来第四条短信。

晚上 11 点，萧晗回家了。

第二天，她又发来短信：“我现在好多了，可我为何还念叨着他呢？”

“对一个不在乎你的人还有什么思念的？”我在短信里对她说，“聪明的人永远把幸福的钥匙握在自己手中。你是个很有魅力、很有发展的女孩，应该相信‘我能行’！你也要谅解对方，他要高考了，别去打扰他。你要有志气，别让父母着急，你是他们的精神支柱。”

萧晗发回第六条短信说：“我会尽力做一个出色的女孩！”

今年元旦，萧晗给我写来一封长信，信中说：

那天我离开温暖的家，走向我生命的终结地……眼前有一条河，就想往下跳，可是我恐惧了，我害怕面对死亡，我想要生活……我向知心姐姐诉说了我的痛苦，知心姐姐很快回复了我，给我印象最深刻的一句话是'改变心情就改变了世界'，它让我在黑暗中看到光明——我忽然明白，年少的感情会有甜蜜，而甜蜜过后那撕心裂肺的伤痛，却是我们这个年龄承受不起的，不要去触碰那涩涩的感情啊！更不要为任何事情摒弃自己的生命，那样真的不值，真的很傻！珍爱生命吧，珍爱今天、明天和未来！花儿谢了有再开的时候，杨柳枯了有再绿的时候，而我们的生命却一去不复返啊！

经历了这段痛苦，萧晗变得更开朗，她不仅在全市中学生朗诵比赛中获得了一等奖的好成绩，而且还考上了一个理想的高中。

"快乐人生"不是去享受别人给你的快乐，而是在忍受痛苦中找到自己的快乐。

痛苦，是人生征途一段泥泞的小路；面对痛苦，你要忍耐，坚信小路的尽头连着幸福和温馨。

痛苦，是成长道路必经的风雨；面对痛苦，你要坚强，坚信阳光总在风雨后！

痛苦，是橡胶树里的橡胶；面对痛苦，你要给它一个流淌的出口，用爱的行为不停地释放自己内心的痛苦。

告别痛苦的手由你自己挥动，享受今天盛开的玫瑰的办法只有一个：坚决与过去分手。

幸福哪里来？

作为父母，都希望孩子成功，企盼孩子幸福，哪怕自己吃苦受累，也要把幸福留给孩子，可是孩子却总是很痛苦。这些父母，还不知道幸福哪里来？

20世纪伟大的人生导师戴尔·卡耐基讲过："人人都渴望幸福，但是，幸福之路只有一条，简单地说，就是改变自己的心情。幸福与不幸福，并不是由个人财产的多寡、地位的高低、职业的贵贱决定的。"

有个人家中挂了一幅画，这幅画是一张白纸上面画有一个墨点。一位客人进来看到了，奇怪地问："你们家怎么把墨点挂在墙上？"

这人笑答："这幅画的名字叫'快乐'，整张白纸都写满快乐，墨点只表示一点点痛苦。"

客人又问："去掉墨点，不就都变成快乐了？"

这人说："去掉痛苦就显不出快乐了。问题是，不要让墨点遮住你的眼睛。"

这个小故事告诉我们一个深刻的道理：人生是幸福与痛苦的交响曲。有些父母只是一味地"给予"孩子幸福快乐，自己去承受痛苦，其结果是孩子并没有得到快乐，也没有品尝到幸福的果子，因为他不知道痛苦是什么。

所以，当孩子向你诉说"痛苦"时，你要高兴地说："太好了！没有痛苦哪有快乐，没有失败哪有成功，不见风雨哪见彩虹！"

父母良好的心态才是孩子幸福的源泉。

朋友的名片

姓名：忍受

特征：不怕痛苦，不怕寂寞，不怕孤独，能默默地陪你度过黑夜，能静静地陪你迎接黎明。

口头禅：阳光总在风雨后！

快乐人生的第五个朋友——乐观

前面我已经送给你们四个人生的朋友：微笑、高兴、积极、忍受。这四个朋友都和一种心态有关，那就是“乐观”。好，今天就送出第五个朋友——乐观。

每天都有好心情

“今天你快乐吗？”

“不快乐！”许多同学曾这样回答我。

其实，我知道你很想拥有快乐，但是却不知如何从烦恼中走出来，对吧？

如果说，“微笑”是快乐的表情，“高兴”是快乐的样子，“积极”是快乐的态度，“忍受”是快乐的表现，那么，“乐观”就是快乐的根源。你想快乐，就一定要有乐观的心态。

什么是乐观呢？

有一次，一名记者问英国文学家萧伯纳：“请问乐观主义者与悲观主义者的区别在哪里？”

萧伯纳回答：“这很简单，假定桌上有一瓶只剩下一半的酒，看见这瓶酒的人如果高喊：‘太好了！还有一半。’这人就是乐观主义者；

如果有人对着这瓶酒叹息：‘糟糕！只剩下一半了。’那人就是悲观主义者。”

我曾给小朋友讲过这样一个故事：

高兴的小狗宝宝和不高兴的小猫贝贝一起去找吃的，每人找到一个蛋。小狗宝宝说：“太好了！还找到一个蛋！”小猫贝贝沮丧地说：“太糟了！只捡到一个蛋！”

他们刚要煮蛋吃，突然蛋壳裂开了，出来一只小鸟。

小狗宝宝说：“太好了！我有小鸟朋友了！”小猫贝贝说：“太糟了！我没有蛋吃了！”

他们开始喂小鸟。小狗宝宝说：“太好了！我可以把小鸟养大了！”小猫贝贝说：“太糟了！我成了小鸟的保姆了！”

两只小鸟长成大鸟了。小狗宝宝说：“太好了！我有大鸟朋友了！”小猫贝贝说：“太糟了，这么大的鸟我可吃不了！”

有一天，两只大鸟飞走了。小狗宝宝说：“太好了！我的朋友自由了！”小猫贝贝说：“太糟了！我的晚餐飞走了！”

他们只好再去找吃的。有一天，他们正为没东西吃发愁呢，大鸟飞回来了，送来好多好吃的。小狗宝宝和小猫贝贝可高兴了，他们一起说：“太好了，今天的运气真好呀！”

你瞧，同样面对一件事，他们的态度是多么不同呀！这就是“乐观”和“悲观”的区别。乐观的人天天为得到的而欣慰，悲观的人常常为失去的而遗憾。

如果你从小拥有乐观的心态和积极的人生态度，具有从黑暗中看到光明，从不幸中感受到幸福的能力，那么你就会拥有快乐的世界，拥有幸福美好的未来。

在非洲加纳的一所寄宿制中学里，一位老师走进教室，他先拿出一张白纸，上面有一个黑点，问学生："孩子们，你们看到了什么？"

学生们盯住黑点，齐声喊道："一个黑点。"

老师非常沮丧："难道你们谁也没看到这张白纸吗？眼光集中在黑点上，黑点会越来越大。生活中你们可不要这样啊！"

教室里鸦雀无声。老师又拿出一张黑纸，中间有一个白点。他问他的学生："孩子们，你们又看到了什么？"

"一个白点！"学生们齐声回答。

"太好了，孩子们，无限美好的未来在等着你们！"

老师关于"白纸黑点与黑纸白点"的谆谆教诲，深深地印在当时的一个学生的心里，他就是曾经的联合国秘书长安南。在安南任职期间，他能从海湾战争乌云密布、一触即发中看到一个"白点"——一线和平的曙光。他以自己敏锐的洞察力,体会到"白纸黑点与黑纸白点"的深刻内涵。

生活中，你的目光集中在哪里？集中在痛苦和烦恼中，你的生命就黯然失色；集中在快乐中，你将会看到幸福美好的人生。

乐观是快乐的根源。保持乐观的唯一方法，就是紧紧抓住生活的每一次快乐，每天都有好心情。

把快乐传给孩子

有位爸爸说，他有两个儿子，一个乐观，一个悲观。爸爸觉得，应该给悲观的孩子多一点快乐。于是有一天，他把所有能买的玩具都买了下来，放进悲观孩子的卧室里；然后，又在车房里堆了一大车的马粪，送给乐观的孩子。

等到第二天早晨，这位父亲发现，他那悲观的儿子正坐在房间里哭泣。

"你为什么不玩你的那些新玩具呢？"父亲奇怪地问他。

“我不敢。我好担心会把它们弄坏。”悲观的儿子哽咽着说。

父亲摇摇头，无可奈何地走进车房，却看到他乐观的儿子正兴高采烈地在粪堆里玩呢。

“你这是在干什么？”

“哦，爸爸！”儿子兴奋地叫道，“这太酷了！我知道，你一定在里面藏了一匹小马！”

父母都希望孩子快乐，但是这个故事告诉我们，快乐不是别人给予的，而是自己感受到的。父母不能只满足给予孩子物质的满足，更重要的是给予孩子感觉快乐的能力；不能只满足让孩子拥有玩具，更重要的是让孩子拥有好心情。

好心情是可以互相传染的。爸爸妈妈有了好心情，孩子也会快乐起来；老师有了好心情，学生也会快乐起来。

女儿要去考试了，胆怯地说：“妈妈，我真害怕，考不了第一，别的同学会怎么看我？”你微笑着说：“太好了！我的女儿要上考场了！别想结果，只想过程。平时怎么学，考试就怎么写。妈妈不在乎第一，而在乎你平时的努力。”

女儿考试获得了好成绩，你会微笑着说：“太好了！你的努力没有白费！”女儿考砸了，你也微笑着说：“太好了！这回你知道自己哪儿不会了！成功永远躲在失败的后面。”

儿子想当班干部，最终当选了，你微笑着说：“太好了！你有机会为大家服务了！”如果落选了，你也要微笑着说：“太好了！你把成功的机会让给了别人！”

有时，我们对快乐的看法会本末倒置。如：“好好学，成功了，你就会快乐。”其实应该说：“你快乐，你就可以好好学习，可以更加成功。”

孩子拥有了“太好了”的心情，就拥有了让人生快乐的财富。

朋友的名片

姓名：乐观

特征：能从黑暗中看到光明，从痛苦中找到快乐，从不幸中感受到幸福，把坏事变成好事。

口头禅：今天，最好！

第二课

奉献你自己

没有朋友的人是孤独的。要想拥有真正的知心朋友，就要待人真诚，体谅别人的难处，始终怀着一颗感恩之心。

当别人有困难时，要伸出热情之手帮助；当别人取得成功时，主动送上自己的赞美和鼓励。奉献你自己，你将会得到别人更多的真心和爱。

快乐人生的第六个朋友——真诚

前面，我送出了让你拥有好心态的五个朋友：微笑、高兴、积极、忍受、乐观。在这一课，我再送出让你拥有爱心的五个朋友。我相信，拥有了这些朋友你会更快乐。

来，我帮你！

你有朋友吗？你知道怎样才能结交好朋友吗？我给大家讲一个故事：

郭留锁是个生活在城市里的男孩子，就读于江西赣州浜江第一小学。叶金的爸爸是个农民，叶金从小在农村长大。爸爸进城打工，叶金也跟着进了城，和郭留锁在同一所学校里读书。可是，他非常自卑内向，和谁都不说话。

学校开展“手拉手”互助活动后，激起了留锁的好奇心。他怀着对乡村生活探究的浓厚兴趣也报了名，并和叶金结成了一对“手拉手”互助小伙伴。

留锁从来没和农村孩子交过朋友，于是就向老师请教，向父母咨询。从大人的话语中，他牢牢记住了交朋友的六字箴言：真心、诚心、热心。于是，他经常主动去接近叶金。可是，叶金却总觉得自己与城里孩子合不来，因此对留锁也没有太多的话说。

周末的一天，留锁去叶金家帮他辅导功课。一进屋，他就看到叶金的房间里乱七八糟。于是，留锁就一边提醒叶金要学会自己整理房间，一边主动说道："来，我帮你收拾！"说完，他和叶金一起动手整理了房间。临走时，他还热情邀请叶金去自己家做客。

第二天，叶金真的来到了留锁家。

看着叶金脱掉脏兮兮的布鞋，换上干净的拖鞋。留锁发现，叶金的小脚丫居然也是黑糊糊的，趾甲又黑又长，上面满是污垢。

留锁不禁轻轻地皱了皱眉，真想马上就带叶金去卫生间清洗。可他转念又一想：不行啊！如果自己现在就这样做，很可能会伤害了朋友。还是等会儿见机行事吧！

"快请屋里坐！"留锁很有礼貌地请叶金到客厅坐下，倒好茶，又端出糖和水果。

两人聊了一会儿，留锁便带叶金去自己的房间打电脑，同时把在学校上微机课时学过的知识又帮叶金巩固了一下……

眼看快要吃午饭了，留锁便拉上叶金一块去卫生间洗手洗脸。

洗着洗着，留锁故意惊讶地叫起来："哎呀，我们家的地板没擦干净，把脚都弄脏了！咱们顺便也洗洗脚吧！"说完，他就脱掉鞋，认真地清洗起来。

叶金看到了，也脱下拖鞋。可这时他才发现自己的脚比人家的地板还脏！他立刻觉得很不好意思，心想留锁该不会笑话我吧？

哪知道，留锁却笑眯眯地看着他说：“来，我帮你洗！要不，咱们用小刷子试试？”

叶金不好意思地点点头。于是留锁蹲在地板上，用小刷子一点一点将叶金脚丫上的泥垢都“请”了出来。

接着，小哥俩坐到客厅的沙发上，各自还把趾甲剪短了。

看看自己干净的小脚丫，叶金开心地笑了。他从内心觉得人家留锁是真心诚意想和自己交朋友。他还发现自己和留锁的距离一下子拉近了。于是，他的话匣子打开了，给这个城里朋友讲了许许多多陌生而好玩的农村趣事……

趁身边没人的时候，我故意问留锁：“叶金那么脏，难道你就从来没有嫌弃过他吗？”

留锁悄悄地告诉我：“其实，开始时我也不习惯。可等我去了他家后才知道，叶金爸爸是个城市拾荒者，也就是捡破烂的。虽然他自己的家脏了，可是我们的城市却变得干净了！说真的，我挺佩服他爸的！所以，哪怕叶金家再脏点、差点，我也能理解。”

听了这个小故事，也许你会说了：“这种事也太普通了！一点也不惊天动地，只不过是件小事罢了！”但是，不知你想过没有，我们的日常生活，不正是由一件又一件的“小事情”组成的吗？

美国散文作家、诗人爱默生曾经说过：“找到朋友的唯一办法就是，自己首先成为别人的朋友。”所以，交友，需要真心；助人，需要实意。

当你捧着真心去交朋友，不嫌弃别人，不抬高自己时，你就会发现，周围多了许多真正的朋友。因为，只有真诚才能换来真正的友谊。

当你全心全意去帮助一个人，不图利益、不图回报时，你才会发现，帮助人是一件多么快乐的事。因为，在帮助别人的过程中，充分体现了你的人生价值。

朋友才是一辈子的财富

“财富不是一辈子的朋友，朋友却是一辈子的财富。”经历过人生风雨的父母，都会有这样的感悟。所以面对今天没有朋友的孩子，他们比谁都着急。

怎样让孩子去获得友谊呢？这里，让我们听听一位母亲讲述的故事：

七岁的儿子终于上小学了。可老师却打来电话告诉她，这孩子几乎每到课间都要去卫生间，而且每次都会耽误下一堂课。妈妈的心揪了起来，以为儿子尿频的病又犯了。

一天，儿子过生日，全家人一起去餐馆庆祝。餐馆老板当场宣布，要送给当天过生日的三位小寿星，每人一份生日礼物。可是，三份礼物是不一样的。男孩的眼睛一直盯着一支蓝猫玩具枪，那是他梦寐以求的。

老板提的问题十分简单：“你的理想是什么？理由又是什么？”

男孩偷偷地笑了，眉宇间是藏不住的得意。他认为自己一定能赢得一片掌声，赢得第一个挑选礼物的权利。

第一个孩子说，他要当一名警察；第二个孩子说，他要做公安局长。大家都为他们鼓了掌。轮到男孩了，只见他站起来，烛光如花朵般映在他的小脸蛋上。那一刻，小小的餐厅里显得异常安静。

男孩用清脆的童声说道：“我的理想，是永远和安锐一起上厕所。但是理由，我不会告诉你们。”

哄笑声，惊呼声，大人们惊诧的目光、交头接耳的议论，家人尴尬的脸色，一些前来用餐的孩子边笑边做着鬼脸，其中一个还大声地喊道：“他脑子进水啦？有病吧！”

可怜的男孩，此刻还没有把目光从蓝猫枪上收回来。

直觉告诉男孩的妈妈，一定要以最快的速度带着儿子离开这里。不是因为害怕丢脸，而是因为他才刚刚七岁！他有权说愚蠢的话，有权做愚蠢的事！但是，任何人都无权伤害他！

妈妈领着男孩迅速离开餐厅，走进了那片深秋的树林。这里没有嘲笑，也没有伤害，有的只是遍地落叶铺成的一条金黄的路，圣洁而美好。

“妈妈，你还记得安锐吗？我幼儿园的同学。”男孩握着妈妈的手说。

妈妈当然记得。三年前，安锐从五楼的阳台上跌下来，伤得很重。

随后，男孩又告诉妈妈：安锐现在还是自己的同学，但那次意外却给安锐留下了严重的后遗症——两条腿软弱无力，上厕所的时候，只能跪着方便，而且每节课间都要去趟卫生间。班里有许多同学都要帮助安锐，可安锐却无法忍受老师在表扬这些同学的同时，总是要提到“上厕所”这几个字。安锐感到非常羞耻，就恼怒地拒绝所有人的帮助。最后，只有自己向安锐保证，永远替他保守秘密，不要表扬，不要小红花，不要奖状……这样安锐才肯答应接受自己的帮助……

妈妈终于知道了，儿子的身体没有病！妈妈也终于明白了，为什么每次一起出去散步时，儿子总要搀扶着妈妈，尽管妈妈并不老！原来，他就是这样天天搀扶着安锐，已经养成了习惯……

妈妈领着男孩，一家一家玩具商店去搜寻蓝猫枪；可走遍了整个城市，他们最终还是没有找到……妈妈握着男孩的手，心中充满了歉意。但是同时，她却非常骄傲：因为从儿子那里，她得到了一个母亲所能得到的最贵重的礼物。

听了这些故事，相信你一定知道了应该怎样让孩子去获得友谊，怎样去帮别人，又怎样让别人乐于接受你的帮助。

秘诀就是两个字：真诚！

朋友的名片

姓名：真诚

特征：当你有困难时，他会默默地帮你，从不声张；当你有成绩时，他会热情地祝贺，从不嫉妒；当你犯错误时，他会无情地批评你，从不包庇。

口头禅：你有困难吗？我来帮助你！

快乐人生的第七个朋友——分享

与人相处，有一个秘诀，那就是分享。今天我就把这个朋友送给你。当你学会了分享，你就拥有了快乐！

“知心弟弟”和他的“知心协会”

“喂，你是知心姐姐卢勤吗？”

几天前的一个夜晚，手机的彩铃声划破夜空，话机另一端传来一个男孩的声音。

“对，是我。”我轻声回答。

“哇！我太激动了！我眼泪都流出来了……”男孩的声音开始哽咽，他真的在哭，“知心姐姐，我找你找得好苦，我特感激你，是你改变了我老妈！”

男孩告诉我，他是贵州省黔西县第二中学初三一班的，名叫李燚（yì）。他说：“过去我和妈妈沟通不好，见面就吵。自从青春期和更年期发生冲突，家里就很少有欢乐。看了知心姐姐写的《好父母好孩子》这本书，我觉得自己应该和妈妈好好沟通一番。我本着试试看的态度，长这么大第一次和我妈敞开心扉谈心，没想到，我妈熬夜看完你的书竟有了十分大的变化，有一次对我说：‘儿子，你真棒！’我简直惊呆了！过去她总是在挑剔我，从来没欣赏过我。”

“妈妈转变了，我也转变了。过去我看父母的缺点用放大镜，看优点用缩小镜，现在我也学会用欣赏的眼光看我妈，我发现我妈特美！现在我妈特佩服你！”

男孩越说越兴奋，看来他憋了一肚子的话要说，我静静地听着。

“我要把我的感受分享给别人，于是成立了‘知心协会’，我当会长，我还办了《知心小报》，开了‘知心热线’。”讲起他的“知心协会”，李燚更是滔滔不绝。

“《知心小报》第一期，我写的是‘恭喜你加入知心协会’，希望你和你的父母都能得到更多的帮助而能够达到家庭和谐。我摘用了你书中写到的孩子与环境的 14 种关系，比如：指责中长大的孩子，将来容易怨天尤人；敌意中长大的孩子，将来容易好斗逞能；恐惧中长大的孩子，将来容易畏首畏尾……嘉许中长大的孩子，将会爱人爱己；分享中长大的孩子，将会慷慨大方；友善中长大的孩子，将会对世界多一份关怀……”

“我们‘知心协会’的广告词是：生活并不是一帆风顺的，各种各样的烦恼会悄悄来到你的身边。当父母不理解你时，当朋友误解你时，请你来这里，知心姐姐和知心弟弟会倾听你的心声，化解你的忧伤。让我们在这里真诚交流，共叙心曲，走进你的世界，分享你的快乐，分担你的忧愁，做你真正的朋友！”

“写得好！李燚，你真棒！”我情不自禁，脱口而出，“有人加入‘知心协会’吗？”

“一开始就有 20 多人参加，现在有 60 多人加入了！”

“有同学向你们求助吗？你是怎么帮助他们的呢！”

“多着呢！”李燚自信地说，“有个同学的父母总吵架，他的父亲从不管他，他问我怎么办？我现去翻你的书，第二天告诉他：‘用爱去惩罚你爸，哭着问你爸，你尽到当父亲的责任了吗？不灵的话，就先睡一觉，明天再说。’我现在最爱听的话是，哪个同学告诉我‘我妈我爸正在改变！’”

李燚告诉我，有个同学想自杀，他发短信给那个同学：“你死了谁帮我办《知心小报》呀？”那个同学回答说：“是呀，那我就不死了。”

“我真正体会到‘助人为乐’这句话的含意。我觉得办‘知心协会’特锻炼人。我过去爱冲动，爱和别人吵架，现在我学会了思考，遇事先想想我应该做什么，我能够做什么。你的书都让我翻烂了。我在第五期《知心小报》上写了一篇自己的感受，文章第一句写的是：我始终认为，中国家庭最主要的问题是缺少沟通。中间我讲了我和我妈的事，最后写的是：现在我的家全都成了‘知心迷’了，当然更多的是欢声笑语，这让我更加坚信，用心沟通终会改变。现在谁家有矛盾，妈妈都会向他们介绍知心姐姐的书，真棒！”

李燚的话让我感动。一个男孩用他的热心感动了妈妈，又感染了伙伴。我找到了快乐的真谛，那就是分享！助人为什么快乐呢？就因为在帮助别人中自己获得了成就感。

分享是快乐的大门，学会分享，你就进入了快乐城堡。

独享是痛苦的大门，只去独享，你就走进了痛苦的泥潭。

当你学会了分享，你就拥有了快乐！

分享，是快乐的大门

曾经有个男孩子对我说：“我不快乐！虽然我家有两个保姆，上百本图书和数不清的玩具。可是，我就是不快乐！”

于是我就问他：“你把这些书分给没有书的小伙伴看过吗？”

“没有。”

“那你把那些玩具分给别人玩过吗？”

“也没有。”

“你的压岁钱用来帮助过有困难的同学吗？”

"更没有了。"

"所以你不快乐！"我这样对他说，"如果你能把这些东西拿出来和别的伙伴分享，快乐自然就会来到你的身边！"

当他和妈妈听完我的报告，了解到贫困地区有许多爱学习的孩子没钱买课外书时，他真的很吃惊，就和妈妈一起捐出一万块钱，要求为五所农村小学建立"手拉手"书屋。

我亲自将这些"希望图书"送到安徽阜阳市，郑重交到五所农村小学校长的手中，同时反复叮嘱他们，一定要让看到书的农村孩子把自己的感受写给那个男孩。

几个月之后，男孩真的收到了上百封农村孩子的来信，男孩的校长惊讶不已，以为这个男孩干了什么惊天动地的"大事"。

在这些信中，农村孩子对城市男孩表达了最朴实的感谢，说他们从来没有看到过这么多的书，还说这些书让他们产生了许许多多美丽的梦想，给他们带来了不曾有过的快乐，更说他们一定会好好读书……

男孩被感动了！他忽然觉得，自己是多么重要，自己的这些书是多么神奇！

慢慢地，男孩变得快乐了！他还和妈妈商量好，每年都要省下一些钱来捐书，送给山里的孩子。第二年，他又捐了一千册书……

记得日本作家森村诚一说过："幸福越是与人分享，它的价值便越会增加。"所以说，"分"的人是幸福的，因为他实现了自己存在的价值；"享"的人是快乐的，因为他感受到了真爱和友谊。

朋友的名片

姓名：分享

特征：乐意与人分享快乐，与人分担痛苦，热心帮人解除困惑。

口头禅：助人为乐！

加油！女孩

快乐人生的第八个朋友——体谅

前面我们讲到“助人为乐”，是不是你帮助了别人就一定会快乐呢？不一定。虽然你有好心，但是由于方法不对，不但没有给你和对方带来快乐，反而带来烦恼。今天，我要送一个让你获得“助人”快乐的朋友——体谅。

假如你是她……

有个女孩来信说：“我的同桌是个家境贫寒的打工子弟。有一天，她发呆地看着我文具盒里的花杆铅笔，我当着同学的面抽出一支送给她，可她却一让再让，怎么也不肯收，还一个劲儿地说：‘我有，我有，我只是看看。’知心姐姐，我真不明白，她明明没有，为什么要说有呢？”

你是不是也有过和这位女孩一样的烦恼？你常常主动帮助有困难的同学，可他却拒绝你的帮助，你百思不解，我好心帮他，他为什么不领情？

我听过一个动人的故事：

一个初春的假日，妈妈在储物间整理家人的冬衣。九岁的安娜伏在不远的窗台上，兴致勃勃地向外张望，不时地告诉妈妈院子里又开了什么花。

妈妈无意中发现，安娜的羊绒大衣两侧的口袋里各有一副手套，两副手套一模一样。

“安娜，是两副手套叠起来用才够保暖吗？”妈妈不解地问。

“不是的,妈妈。它暖和极了。”安娜扭过头来看了看手套，明媚的阳光落在她微笑的小脸蛋上，异常生动。

“那为什么要两副呢？”妈妈更加好奇了。

安娜抿了抿小嘴，认真地说：“其实是这样的，我的同桌翠丝买不起手套，但她宁愿长冻疮，也不愿意到救助站领那种难看的土布大手套。平时她就敏感极了，从不接受同学无缘无故赠送的礼物。妈妈给我买的手套又暖和又漂亮，要是翠丝也有一副，就不会长冻疮了。所以我就买了一副一模一样的放在身边。如果装作因为糊涂而多带了一副，翠丝就能欣然戴我的手套了。”安娜清澈的双眸像阳光下粼粼的湖水，“今年，翠丝的手上就不会生冻疮了。”

妈妈欣慰地走到窗边拥抱了自己的小天使，草地上一丛丛兰花安静地盛开着，又香，又暖。

你们想想，安娜为什么要买两副一模一样的手套，而且装作因为糊涂而多带了一副呢？因为安娜知道，一个家境贫寒的孩子和家境优越的孩子在一起时，她需要的不仅是物质上的帮助，更是精神上的尊重。女孩当众送给贫困女孩礼物，会让这位女孩觉得自己很没面子，所以谢绝女孩的好意。安娜想到了这一点，巧妙地让翠丝戴了自己的手套。

我们想要帮助别人，常常出于同情、怜悯，而忘记了“体谅”别人，别人觉得没有了面子，所以会谢绝我们的好意。

当你面对一个弱者时，你一定要设身处地为他着想，经常想一想，假如你是他，你会怎样？

当你去帮助一个弱者时，你一定要平等地做他的朋友，而不是可怜他，更不要居高临下去施舍他。

因为，弱者需要同情更需要体谅。

助人就是助己

有的父母爱问孩子："今天，你超过了谁？"

而有的父母爱问孩子："今天，你又帮助了谁？"

结果呢？第一种孩子可能获得好的名次，但是却失去了好多朋友；而第二种孩子，由于获得了好多朋友而心情愉悦，最终成绩、朋友双丰收。

因为，成功不在你赢过多少人，而在于你帮过多少人。你帮过的人愈多，服务的地方愈广，那你成功的机会就愈大。帮助别人，不仅要帮弱者，有时也要帮你的竞争对手。

著名化学家诺贝尔在读小学的时候，成绩一直名列班上的第二名，第一名总是由一个名为柏济的同学获得。

有一次，柏济意外地生了一场大病，无法上学而请了长假。有人私下为诺贝尔感到高兴，说："柏济生病了，以后的第一名就非你莫属了！"诺贝尔并不因此而沾沾自喜，反而将其在校所学，做成完整的笔记，寄给因病无法上学的柏济。到了学期末，柏济的成绩还是维持第一，诺贝尔则依旧是第二名。

诺贝尔长大之后，成为一个卓越的化学家，最后更因发明了硝化甘油炸药而成为巨富。他死后将所有的财产全部捐出，设立了著名的诺贝尔奖，用来奖励每年在国际上对物理、化学、医学、文学以及为人类和平有所贡献的人。

因为诺贝尔的开阔心胸与乐于分享的伟大情操，他不但创造了伟大的事业，也留下了后人对他的永远怀念与追思。最后在历史上，大家都认识考第二名的诺贝尔，但鲜少人知道永远考试第一名的柏济。

从诺贝尔的故事中，我们获得一个深沉的感受：诺贝尔的成功，绝非只靠他的聪明才智而已，更重要的是他广阔的心胸和非凡的气度。

在现实社会中，我们可以发现，真正成功的人，绝不只靠自身的实力，其实他们更懂得整合人际资源，进而创造更多价值。

怕别人超过你的孩子，而阻止孩子去帮助别人的父母，是目光短浅的。

朋友的名片

姓名：体谅

特征：有宽阔的胸怀，遇事能站在对方的角度去想，善解人意，体贴人心，用真心去助人，拥有最多的朋友。

口头禅：己所欲，施于人！

快乐人生的第九个朋友——知心

知心——能做最富有的人，知心——能做最快乐的人，知心——能做最幸福的人，知心——能做大家最喜爱的人。今天，知心姐姐就送给大家第九个朋友——知心。

“知心弟弟”来北京话“知心”

圣诞节那天，我在中央电视台“成长在线”演播现场见到了“知心弟弟”李燚。

这个从祖国西部——贵州黔西县来的男孩子长得真帅！一米七四的个子，笑眯眯的脸上写满了快乐。

那天晚上，“成长在线”做了一期特别节目——“知心弟弟和知心姐姐”。李燚讲了他是怎么当上“知心弟弟”的——

记得有一次，我接到一张小纸条：“知心弟弟”，我妈很爱骂脏话，所以不管她说的是对是错我都和她唱反调，我很苦恼。想快乐的女孩——依佳琪。

我首先找这位同学谈心，又和她妈妈沟通了一番。

第二天，我自信地问这位同学：“你妈怎么样了？”

“你昨天都跟我妈说了什么，她说我搬救兵也没用，而且骂得更厉害了。”

我很困惑，想了一会儿对这位同学说：“我有一个好办法，你妈再骂你的时候你就大声读英语，让她也难受难受。”同学用信任的眼光看着我点了点头。过了几天，同学高兴地告诉我她妈妈不骂她了，还天天夸她爱读英语呢！同学得到了快乐，但我得到的快乐更多，现在她妈妈和她都是“知心”迷了。看到别人快乐，我就觉得“知心”的感觉真好。

李燚班上有一个女同学，没有父母，她跟着大姨生活。开家长会的时候她很自卑，她是一个留级生，老师也不太关注。李燚找她谈心，他说：“人生道路能一帆风顺吗，特别是做大事的人？”女孩对他笑了，李燚认为这是她对自己的一种信任，接着李燚说了一个乐观者和悲观者的哲学故事。他说：“乐观者和悲观者同时遇到半杯水，乐观者说太好了，还有半杯水；悲观者说，哎呀，只剩半杯水了。这是一个心态的问题，你在我心中永远是最棒的。”因为这个女孩的性格特豪爽，属于路见不平、拔刀相助的那种，声音也特别亮。李燚就夸她是自己心中的英雄，只是她的优点没有被别人发现而已。这个女孩又看了李燚一眼，这种信任是发自内心的。然后李燚趁热打铁，他说：“一个演讲家在北大演讲，底下观众没有鼓掌。他就说你们之所以没有鼓掌是因为我说得太精彩，你们没有机会鼓掌。”这个女孩笑着对李燚说：“谢谢你对我的赏识，我一定能行。”第二天，她就脱胎换骨，一走进教室就听到她爽朗的笑声，同学们都笑她有点神经，她说她太幸福，因为有大姨爱她。

“李燚，你觉得做‘知心弟弟’需要哪些条件？”

“我觉得有两点：一是真诚待人；二是欣赏别人。拥有这两点，大家就会喜欢你，有什么心里话就会和你说，你就会得到许多朋友！希望大家都能加入‘知心一族’的行列。”

现在“知心弟弟”李燚还建了自己的微博，网址是 http://weibo.com/zxddliyi，想和他做朋友吗？去他的微博吧！

父母要知孩子心

作为父母，孩子成长中有些事情你可能不知道，但是孩子的心你不能不知道；生活中有些东西不必在乎，可有些东西不能不在乎，那就是孩子对你的爱。

李肖迪是个快乐的女孩，放学以后，非常愿意回家，因为她有一个温馨的家，爸爸妈妈都是她最知心的朋友。父母很在乎孩子快不快乐，孩子也很在乎父母高不高兴。她的母亲对我说：“三八妇女节是咱们的节日，孩子一般来说不会在意，但是那天吃完晚饭，女儿说：‘妈妈你过来一下。’我走进她的房间，她把灯关了，点起一根小蜡烛说：‘妈妈，祝你节日快乐！我送你一个小礼物！’我问什么礼物，她说：‘这里面装着我最喜欢的人。’然后拿出一面小镜子。那面镜子正好照到我的脸。我特别感动，这是女儿对妈妈的深爱。”

孩子们的爱，常常表现在细微之处，她或许不像一百分、奖杯那么现实，但却是人生路上的丰碑，是父母辛苦付出后最殷实的收获。

遗憾的是，有些父母只知道为孩子奉献爱，对孩子给予自己的爱却视而不见。他们更在乎孩子的分数、名次。饭后，妈妈在厨房洗碗，孩子探进头：“妈，我来洗！”“去，去，念书去。你将来想当厨师呀，没出息！”晚上，父亲看电视，儿子从屋里出来，沏好一杯清茶端上来，“爸，喝茶！三姑刚送来的新茶，倍儿香！”“谁要你倒茶，我自己不会倒？我就知道你在屋里坐不住，借倒茶出来看电视，真是黄鼠狼给鸡拜年——没安好心！”儿子委屈极了，他沮丧地回屋做作业，以后再也没有心情给父亲倒茶。

都说现在的孩子懒，可你给孩子干活的机会了吗？都说现在的孩子冷漠，可你给过他爱你的机会吗？急功近利的父母们，常常无意中就淡漠了孩子的爱心。

爱是一个大口袋，装进去的是满足感，拿出来的是成就感、幸福感。一味向孩子施爱，孩子并不觉得甜，更不懂得珍惜，一旦父母学会接受孩子的爱，孩子的价值得到体现，才会产生无比的快乐！

接受孩子的爱吧！因为施比受更有福！

朋友的名片

姓名：知心

特征：走进你的心灵，倾听你的心声；

改变你的心态，消除你的心病。

口头禅：懂你。

快乐人生的第十个朋友——感恩

很高兴，知心姐姐将和大家一起度过春意盎然、鸟语花香的五月。

五月的第二个星期天是什么日子？没有人提醒你，你会记起来吗？

这天是母亲节。

在母亲节到来的时候，别忘了对赐给我们生命、教会我们做人道理、含辛茹苦把我们哺育成人的母亲说一句：节日快乐，永远年轻！我永远爱您！

让我们学会感恩。

西方有一个感恩节。那一天，要吃火鸡、南瓜馅饼和红莓果酱；那一天，无论天南地北，再远的孩子，也要赶回家。

世界为什么要有感恩节呢？因为人需要知恩，更需要感恩。感恩的人多了，施恩的人才会更多，世界才会更美好。

所以，今天知心姐姐送给你的人生朋友是——感恩。

别忘说声“谢谢你”

我们的生活中，有句最简单而有价值的话，就是“谢谢你”。英文中最常用的词，也是“thank you”（谢谢你）。

“谢谢”不仅仅是礼貌。“谢谢”和爱连在一起，“谢谢”有多少，爱就有多少。

今天，许多父母痛苦地告诉我，他们最伤心的是自己的孩子不懂得感谢。孩子们觉得，父母为他们所做的一切都是应该的，别人为他所付出的一切劳动都理所当然。

一位母亲告诉我：陪五岁的女儿去游泳，女儿在前面走，她拿着大包小包跟在后面。女儿问："水果带了吗？牛奶带了吗？"当女儿得知妈妈带的水果是梨时，哭了起来，非要妈妈回去换她爱吃的水果。妈妈说她觉得自己不像孩子的妈妈，而像孩子的奴隶，女儿从来都是向妈妈提要求，却从没说过一句感激的话。

从小没有感恩之心的孩子，长大后就是一个自私的人。

不过，知恩图报会说"谢谢"的孩子还是很多的。我讲几个故事给你听听。

有个盲女在妈妈生日那天送给妈妈一份礼物——一点一点扎在生日贺卡上的盲文。妈妈看不懂，请人翻译，那段盲文让她听得泪流满面："亲爱的妈妈，谢谢您把我养大！虽然我看不见您，但我永远爱您、感谢您——妈妈！"妈妈捧着贺卡哭了。她觉得自己为女儿付出的一切都是值得的。

有一个七八岁的聋哑女孩，背着书包去上学，在公共汽车上没站稳，差点摔倒，一位叔叔看到，急忙上前扶她一把。女孩上了车，刚站稳就向这位叔叔打手势，叔叔不明白是什么意思。叔叔要下车了，女孩连忙跑过去，塞给他一张小字条。下了车，叔叔打开纸条一看，只见上面歪歪扭扭地写着一行字："谢谢，谢谢叔叔！"泪水涌出叔叔的眼眶。

感恩之心、感激之情，就像燃烧的火焰，让你渴望表达，否则将遗憾终生。

一个山里孩子考上大学，却因为家里穷，上不起。这时，一个素不相识的外地人无私地资助了他。这个孩子一直想当面说声"谢谢"，却始终没能实现心愿。三年后，他专程按着汇款人地址找到恩人家，万万没想到恩人已在几天前去世了，临终前，还给他汇去了最后一笔款……

他含泪在白纸上写下了一万个“谢谢”，点燃在恩人坟前……

事业有成的林先生说他一辈子忘不了老师的三句批评。上小学时，他是班长，有一个同学生病了没来上课。老师让他去看望这个同学，并告诉他当天的作业，他随口答应了。可是一放学，他光顾着玩，把这件事忘得一干二净。第二天，老师知道了，把他叫到办公室，让他伸出手，用铜尺使劲打了他三下手心，并严厉地说：“你昨天答应我要去，可你没去，你不守信用；你是班长，你有责任关心同学，你没去，你不负责任；同学有病，你没把他放在心上，你没有爱心。今天我要惩罚你，是想让你记住这样的人将一事无成！”

“老师的话我记了一辈子，”他动情地说，“长大后，我当上了公司经理，一直不敢忘记老师说的话，所以我成功了。我一直想对老师说一声谢谢，可一直没机会说。”他后来还和《中国少年报》合办征文比赛，题目是《老师，我要说声谢谢》，希望所有的孩子都学会“谢谢”两个字，记住老师的恩情。

在隆重的征文颁奖大会上，林先生眼含热泪对在场的孩子们说：“今天是教师节，我真想对我的老师说一声：‘谢谢您，老师’！”

场上响起暴风雨般的掌声。我含着眼泪将手中的鲜花送给了他，因为他也说出了我的心里话。

后来，林先生回到故乡看望小学老师，想当面谢谢他。可是，老师已经去世了。他来到老师墓前，在墓碑上看到了老师的遗言：

我没有死／我把关爱别人的方法传给一千名我的学生／我的学生将用这个方法来关爱别人／我要休息了／我可以休息了

在这位乡村小学老师的墓前，林先生一遍又一遍地说：“谢谢您，老师！”

感谢，就像阳光一样，给我们带来温暖和美丽。

面对恩情，你首先会想到你的父母，只要记住父母的养育之恩，真诚地对他们说声“我爱你”，不管他们会不会亲吻你，理解你，你都会感受到幸福正包围着你。

面对恩情，你不会忘记你的老师，只要记住老师的教育之恩，永远地对他们说声“谢谢你”，不管他们在不在世上，会不会回答你，你都会觉得爱在簇拥着你。

面对恩情，你会想起所有关心帮助过你的人，只要记住他们的知遇之恩，及时地说声“谢谢你”，不管他们是不是还记得你，你的心里都不会留下什么遗憾。

记住，任何时候都别忘了说声“谢谢你”！

让孩子感觉“有人爱我”

北京四中的张驰，22岁已经是英国剑桥大学最年轻的中国籍博士生了。他的父母认为，张驰最大的成功是做人的成功，是他对父母、朋友，对北京、对祖国有一种感恩报效的爱心。

张驰的妈妈杜娟英是北京实验二小的老师，她特别注意对孩子情感的培养，提醒孩子注意感受周围人对他付出的爱。

邻居家住着一对生活清贫的老两口。为了省电费，他们晚上不怎么开灯，很早就睡觉了。

一天晚上，张驰的父母去夜大上课，把年幼的张驰一个人留在家里。回来时，他们发现老奶奶家的灯开着。听见院门响，问明是他俩回来，老奶奶就把灯关了。

妈妈问儿子："张驰，你想想，你一个人在家的时候，奶奶的灯为什么亮着？"

张驰说："噢，那是奶奶为我壮胆呢！"

妈妈又提醒他："奶奶没有说'我可给你壮胆呢，我可是开着灯呢，我可为了你多花钱了'，对别人的爱应该是默默地奉献。"

从那以后，张驰学会体味别人对他的关爱，尽可能地给予回报。他在初一的劳动课上学会了擦自行车，从此，每次自己过生日，他都会把父母的自行车擦一遍。

张驰的妈妈用老奶奶家的一盏灯，点燃了孩子心中感恩的灯。

人的感觉系统要经常使用，不用就会退化。酸、甜、苦、辣都是人感觉出来的，人没了感觉，生活会变得多么无味！爱的感觉也需要培养，从点点滴滴去培养，因为最感人的爱往往就像人们最需要的空气一样，无色无味，看不见，摸不着。而一旦有能力从细微之处感受到"有人爱我"，那做人才是最有意义的。

朋友的名片

姓名：感恩

特征：总能记住别人对自己的好，心存感激之心，不仅及时用语言表达感谢，而且用行动去回报。它十分珍惜朋友的帮助，它知道，财富不是一辈子的朋友，朋友才是一辈子的财富。

口头禅：滴水之恩，涌泉相报。

第三课

相信你自己

梦想是成功的翅膀，梦想是成功的动力。

当你有了梦想时，要努力去实现，面对别人的诋毁和嘲讽，尽可能坦然大度地面对。只有相信你自己，有志气，争气，别人才会看到你多么出色，认为你是个了不起的人。

快乐人生的第十一个朋友——梦想

梦想是成功的翅膀

你有梦想吗？假如你的回答是“没有”，那么我得说，你的成功机会不会太多；假如你的回答是“有”，那么我会高兴地告诉你，你已经拥有了一半的成功机会。

我听到过这样一个故事：

一天，一条小毛虫朝着太阳升起的方向缓慢地爬行着。它在路上遇到了一只蝗虫，蝗虫问它：“你要到哪里去？”

小毛虫一边爬一边回答：“我昨晚做了一个梦，梦见我在大山顶上看到了整个山谷。我喜欢梦中看到的情景。我决定将它变成现实。”

蝗虫很惊讶地说：“你烧糊涂了，还是脑子进水了？你怎么可能到达那个地方。你只是一条小毛虫耶！对你来说，一块石头就是高山，一个水坑就是大海，一根树干就是无法逾越的障碍。”但小毛虫已经爬远了，根本没有理会蝗虫的话。

小毛虫不停地挪动着小小的躯体。突然，它听到了蜣螂的声音：“你要到哪儿去？”

小毛虫已经开始出汗，它气喘吁吁地说：“我做了一个梦，我想把它变成现实。我梦见自己爬上了山顶，在那里看到了整个世界。”

蜣螂不禁笑笑说：“连拥有健壮腿脚的我，都没有这种狂妄的想法。”小毛虫不理蝗螂的嘲笑，继续前进。

后来，蜘蛛、鼹鼠、青蛙都以同样的口吻劝小毛虫放弃这个打算，但小毛虫始终坚持着向前爬行……

终于，小毛虫筋疲力尽，累得快要支持不住了。于是，它决定停下来休息，并用自己仅有的一点力气建成一个休息的小窝——蛹。

最后，小毛虫“死”了。

山谷里，所有的动物都跑来瞻仰小毛虫的遗体。那个蛹仿佛也变成了梦想者的纪念碑。

一天，动物们再次聚集在这里。突然，大家惊奇地看到，小毛虫贝壳状的蛹开始绽裂，一只美丽的蝴蝶出现在它们面前。

随着轻风吹拂，美丽的蝴蝶翩翩飞到大山顶上。重生的小毛虫终于实现了自己的梦想……

这个美丽的传说，告诉我们一个人生哲理：人活在世界上，不能没有梦想。成功的道路是由目标铺成的，如果你什么都不想，你就什么都得不到。

小毛虫为什么能成功？我觉得它有三点了不起：

一是，它有一个明确的目标，一定要飞到高高的山顶上去；

二是，它知道飞到山顶的目的，就是要看到整个山谷；

三是，为了实现自己的梦，它不惜付出艰辛的努力，一步一步往上走，它不怕别人讥笑，一心要做最好的自己！

人生巅峰的高度，取决于你自己心中目标的高度；人生价值的大小，不取决于别人如何看你，而是要用你的梦想和行动去衡量。

梦想是孩子成长的动力

一名中学生对爸爸说，我没有学习的动力，您给我点动力吧！

爸爸很困惑，问我怎么办。我给他讲了一个故事：

> 三个工人在工地上搬砖。
>
> 问第一个人："你在干什么？"
>
> "你没看见我在搬砖吗？"第一个人不屑地回答。
>
> 问第二个人："你在干什么？"
>
> "我在挣钱呀！"第二个人满头大汗地回答。
>
> 问第三个人："你在干什么？"
>
> "我在盖一座辉煌的教堂。"第三个人望着工地自豪地回答。
>
> 结果呢？第一个人一直是个"干活儿的人"；第二个人靠打工挣到了钱；而第三个人成了出色的设计师。

梦想，是孩子成长的动力。中国有句古话"志不高者智不达"，志向不高远的人，潜力很难发挥，智力也达不到高峰。帮助孩子树立理想和志向，是父母的责任。

> 很多年前，一位穷苦的牧羊人带着两个年幼的儿子，靠替别人放羊来维持生计。一天，他们赶着羊来到一个山坡，这时，一群大雁鸣叫着从他们的头顶飞过，并很快消失在远方。牧羊人的小儿子问他的父亲："大雁要往哪里飞？"父亲回答说："它们要去一个温暖的地方，在那里安家，度过寒冷

的冬天。”他的大儿子眨着眼睛羡慕地说：“要是我们也能像大雁一样飞起来就好了。”小儿子也对父亲说：“做个会飞的大雁多好啊！”

牧羊人沉默了一下，然后对两个儿子说：“只要你们想，你们也能飞起来。”

两个儿子试了试，并没有飞起来，他们用怀疑的眼光看着父亲。牧羊人说：“让我飞给你们看。”于是他试了两下，也没有飞起来。牧羊人肯定地说：“我是因为年纪大了才飞不起来，你们还小，只要不断努力，就一定能飞起来，到任何想去的地方。”父亲的话使两个儿子产生了飞起来的梦想，并坚持不懈地努力。一天，牧羊人带回一个小玩具，用橡皮筋作动力，使它飞向空中。两个儿子觉得很好玩儿，照着仿制了几个，都能成功地飞起来。他们因此兴致倍增，并引发了造飞机的想法。经过反复试验，世界上第一架飞机诞生了。

他们就是美国的莱特兄弟。

为什么似乎不切实际的梦想可以实现？因为梦想会使人心中产生一种激情，这是一种可贵的心灵动力，是一个人“虽九死而未悔”的生活向往，它会最大限度地激发人的潜能，从而实现自己的目标。

孩子的梦想是一个民族创新的灵魂。我们的祖辈和我们自己，如果小时候没有梦想，共和国就不会像今天这样辉煌；我们的孩子一旦小小年纪就把心淹没在功利之下，那么，我们民族的明天就会失去创造的动力，未来的太阳就会失去光泽。

朋友的名片

姓名：梦想

特征：心中有美好的蓝图，行动有明确的目标，知道今天在做什么，为什么而做，遇到困难不怕，听到讥笑不怕，梦想能让人变得伟大。

口头禅：做最好的自己。

快乐人生的第十二个朋友——大胆

我不怕“鬼”，我能行

寒假，寒风刺骨的北京迎来一批不怕冷的同学——来自祖国冰城哈尔滨市的《中国少年报》小记者。

我第一次见到他们那天，北风呼啸，天气真是冷极了。可小记者们却整整齐齐地站在操场上，个个精神抖擞。

“你们怕不怕冷？”我大声问。

“不怕！”声音划破寒空。

“为什么不怕？”我心中顿时充满了敬意。

“这也叫冷？比我们那儿暖和多了！”哈哈，原来是这样。

教室里，我和小记者们“面对面”地交流。

“你们东北孩子不怕冷，是因为你们从小在寒冷中长大，经过风雪，这是非常棒的经历。不过，我想问问大家，离开家，来到陌生的北京，你们有没有遇到让自己害怕的事？”

一个小女生走上台说：“我们两个女生住一间屋。每到晚上，我俩就特害怕。总觉得怪怪的，就算把头用被子蒙起来，也还是睡不着。”说着说着，女孩开始有些发抖。

“你们怕什么呢？”我很奇怪。

“怕鬼啊！”

“那你见到鬼了吗？”

“没有。可是我听过很多鬼故事。听说，那些鬼都伸着红红的长舌头，张着血盆大口，竖着全身黑漆漆的长毛……我老觉得它真的在屋子里！可吓人啦！”

“这些鬼故事是谁给你讲的？”

“男生呗！”女同学有些不好意思。

我于是转向男生：“你们怕不怕鬼呀？”

“不怕！”

“不怕的请举手！”全体男生都举起了手。

我随意点了一个男孩：“请你上来说说，你为什么不怕鬼呀？”

这个男生“咚咚”地走上来，扯着嗓门说：“因为世界上根本就没有鬼！”

“很好。今晚，你就和这两个女生换换房间，住到她俩那间屋里去，行不行？”

“不行！不行！还是算了吧。我那间屋住得挺好的，原来分配住哪儿就住哪儿吧！”那位男生紧张得拼命摆着双手，惹得全场一片大笑。

“看来你也害怕！”我随后对同学们说，“世界上有没有‘鬼’？有！可是‘鬼’在哪呢？其实并不在屋子里，而是在人的心里。这种‘鬼’，就叫‘胆小鬼’！驱走‘胆小鬼’靠什么？靠勇敢！靠自信！”

接着，我又对小记者们说：“一个人要想有大的发展，就必须和‘我不行’说再见，把‘胆小鬼’从自己心中赶出去，面对机会大胆地喊出‘我能行’。现在机会来了，今晚谁愿意和这两个女生换房间？对了，顺便告诉大家一个小秘密——这个房间曾是体育明星李小双住过的。好啦，想换房的请举手！”

小记者们齐刷刷地举起了手。还有两个女孩没举，她俩就是这个房间的主人，现在早就不想换了。

面对胆小，你必须相信你自己。

在通往成功的道路上，最大的障碍就是你自己。没有谁能吓倒你，除非你自己。

“胆小鬼”不会躲在黑暗处，而是隐藏在你心中。驱走了“胆小鬼”，你就会成为一个“我能行”的勇士。

今天的孩子怕什么？

浙江杭州市青少年宫的小记者，曾经围绕“今天的孩子怕什么”，在一千六百名中小学生和幼儿园小朋友中做了调查，结果找出一百多个“怕”。

他们分类进行了统计——

在学校：

我怕——怕挨老师“K”；怕老师找家长；怕考试不及格……

我怕——怕没有“死党”跟我玩；怕自己这个班干部被“撸掉”；怕有人找我麻烦（淘气的男孩子打我，揪我辫子）；怕写作文……

我最怕——怕考试砸锅，被家长狠狠“K”上一顿；怕老师留的作业N多N难；怕好朋友成绩比我好；更怕老爹老妈打电话问老师我的考试名次；怕家长会后的那个晚上……

在家里：

我怕——怕老鼠、狗、蛇、蟑螂、毛毛虫、蚊子、蚂蚁；怕一个人看恐怖片……

我怕——怕妈妈逼我练琴；怕看爸爸的眼睛（这可是发火的前兆，屁股准遭难）；怕爸妈吵架后几天不说话；怕被父母遗弃……

我最怕——怕爹妈的期望值太高（老是拿我跟别人的孩子比较，然后便是一顿数落）……

在公共场合：

我怕——怕家长当着外人的面揭自己的短；怕被别人嘲笑；怕在陌生人面前说话……

我怕——怕公交车太挤；怕到外面玩找不到卫生间；怕吵闹……

我最怕——怕迷路；怕钱包丢了；怕被人绑架；怕跟家人走散……

其他：

我怕——怕打雷；怕怪物；怕爆炸；怕出意外；怕受伤……

我怕——怕打针吃药；怕玩游戏时遇到“BOSS”或死机；怕别人喊我外号（猪蹄、假小子、鼻涕虫）……

我最怕——怕鬼！怕黑！怕死！怕吃苦！怕无聊……

说真的，看到这100多个“怕”字，连我这个自称胆大的人都有点害怕了！不是因为别的，而是这个“怕”，会严重阻碍孩子的正常发展。

许多父母常常困惑地问我：“孩子胆小怎么办？”

我告诉他们，人的胆量是练出来的。孩子天生并不胆小，都想干事，但父母管得太多，呵护过度，都会削夺孩子“行”的机会。孩子体验不到自己“行”的经历，就会慢慢丧失勇气和胆量，成为一个胆小的人。

勇敢，是成功者的素质。只有那些自信、做事从不畏缩、富有创新和冒险精神的人，才能成就伟大的事，而“胆小鬼”却只能和机会擦肩而过。所以，给孩子机会让他们去“练胆”太重要了。

记住：行动可以治疗恐惧。

朋友的名片

姓名：大胆

特征：想好了就去做，不去做，怎么知道自己不行？勇敢的人不是不知畏惧，而是能驱迫自己勇往直前。

口头禅：我能行！

快乐人生的第十三个朋友——大度

你有大海一样的胸怀吗？

一个男生因为别人讥笑他“小矮个儿”“武大郎”“矮冬瓜”，整天生活在阴影里，心情郁闷，烦恼不堪。他找到了我，我给他讲了一个小故事：

从前，有一位师傅打发他的年轻弟子去集市上买东西。可弟子回来后，却是满脸不高兴。

于是师傅问他：“怎么了？出了什么事，你这么生气？”

“我到集市上的时候，那些人都追着我看，还不停地嘲笑我！”弟子噘着嘴说。

“哦？他们都嘲笑你什么呢？”

“笑我个子矮呗！哼！可是，这些俗人哪里知道，虽然我长得不高，但我的心胸可宽广着呢！”弟子仍是气呼呼地说。

师傅听完他的话，什么也没说，转身拿起一个脸盆，带着弟子来到海边。

师傅先用脸盆盛满海水，然后往盆里丢了一颗小石头，脸盆里的水溅了一些出来。接着，师傅又捡起一块大石头，用力扔进前方的大海里，大海没有任何反应。

“你说自己的心胸很大，是吗？可我看不见得，人家只是说了几句你不爱听的话，你就生那么大的气！就像这个丢进一颗小石头的水盆，水花到处飞溅。”

弟子这才恍然大悟，和宽广的“大海”比起来，自己的心胸真的就只像这个小小的脸盆一样啊！

我告诉那个男生说：“男子汉嘛，就要有大海一样的心怀，眼光放远一些。个子小怎么啦？个子小好处多啦！省吃省穿不说，还很灵活机动，每次排队都站第一个，看什么都最清楚！多好啊！”

后来，那个男生变了，变得活跃开朗。再听到同学喊他外号的时候，他只是笑着说：“谢谢夸奖！我知道自己，浓缩的都是精华！”

就是嘛，一个人的才能高低、贡献大小，并不在于个子的高矮。音乐大师贝多芬，并没有因为个子矮就影响了他的卓越成就；杰出的军事天才拿破仑，并没有因为个子矮小而影响他的英雄气概……所以，自信、自强才是最重要的。

只要生活在人群中，就会有人议论你。同样一个人，有人会夸奖，也有人会讥笑；同样一件事，有人会赞扬，也有人会批评……

嘴巴是别人的，可脚下的路却是自己的。习惯被人家嘴巴“虐待”的同学，请你自己也好好想一想，凭什么我要当别人嘴巴的奴隶？凭什么我会这么在乎别人的想法呢？

只要你真想明白了，我相信，你就拥有了快乐的天空！

面对非议，你要保持冷静。

对不经意的嘲讽，你要大度，一笑了之，千万别往心里去。

对打击自信心的讥笑，你要装聋作哑，不去听，更不听进去。

对诋毁人格的谣言，你要巧妙地用事实说话，不必害怕，更不能逃避！

包容，让孩子大度

包容是孩子心灵成长的氧气，包容能培养孩子的情怀，使他宽容大度，不回避错误又能善解人意。

成人能包容孩子，孩子就有胆识直面错误，有胆识改正，有胆识尝试新的事物。在这方面，中国伟大的教育家陶行知先生为我们做出了榜样。

陶行知先生在北京育才学校当校长时，发生过这样一件事：

一天，他在校园里看到男生王友用泥块砸自己班上的男生，陶行知当即制止了他，并让他放学后到校长室去。

放学后，王友早早地来到校长室门口准备挨训。陶行知走过来，一见面却掏出一块糖送给王友，并说："这是奖给你的，因为你按时来到这里，而我却迟到了。"

王友惊愕地接过糖。随后，陶行知又掏出一块糖果放到他手里，说："这第二块糖也是奖给你的，因为当我不让你再打人时，你立即就住手了，这说明你很尊重我，我应该奖你。"

王友更惊愕了，他眼睛瞪得大大的，不知道校长想干什么。

陶行知又掏出第三块糖放到王友手里："我调查过了，你用泥块砸那些男生，是因为他们不守游戏规则，欺负女生；你管他们，证明你很正直善良，且有跟坏人做斗争的勇气，应该奖励你啊！"

王友感动极了，他流着泪后悔地喊道："陶……陶校长，你打我两下吧！我砸的不是坏人，而是自己的同学啊……"

陶行知满意地笑了，他随即掏出第四块糖递给王友，说："为能正确地认识错误，我再奖励给你一块糖，只可惜我只有这一块糖了。我的糖发完了，我看我们的谈话也该完了吧！"

多么高明的校长！他用以奖代罚的方法触动了孩子的心灵。当一个孩子被校长宽阔的胸怀所包容时，他内心产生的是深深的感激和强烈的震撼，那将会使他终身难忘。在这种情况下，不必“批评”，不必“指责”，孩子自己就已经心悦诚服地知错了。

朋友的名片

姓名：大度

特征：不在乎别人的非议，不计较别人的态度；不害怕别人的嘲讽，能原谅别人的过失。

口头禅：这没什么！

快乐人生的第十四个朋友——争气

争气的女孩受尊重

有的女孩常常因为别人歧视自己而愤愤不平，有的女孩会因为别人瞧不起自己而伤心落泪。今天，我想给你讲一个真实的故事，读后，你就会知道什么样的女孩最受人尊重。

故事发生在1996年的冬季。

一天，在陕西省商洛市镇安县一个偏远、贫穷的小山村里，十岁的农家女孩王翠放学回到家，妈妈递给她一件小棉袄。

原来，这是村里发给他们过冬的衣服，村里人都知道，这些衣物都是远方的好心人为贫困山区的村民捐献的。王翠乐滋滋地穿上这件小棉袄，当她把小手伸进口袋的时候，竟然发现了一张小纸条。

王翠好奇地打开纸条一看，上面竟然还写着几行字：

孩子：

当你穿上这件棉衣的时候，我们便认识了。

你今年几岁了？家住哪里？家里都有什么人？生活得怎样——你上学有困难吗？如果上学有困难，我愿意帮助你，你可以写信给我。

中国农业银行南京市秦淮支行中华门分理处长乐路10号李思俭收

你的朋友
1996. 10. 25

看了这封信，王翠的妈妈非常高兴，小王翠更觉得兴奋。因为对于山区里贫寒的农家来说，怕的就是缺钱供孩子上学。

王翠感觉到自己特别幸运，可当王翠满怀期望地把这封信交给爸爸时，爸爸的做法却很意外，他没有同意王翠跟南京那位好心人联系。他说：“乡下有乡下的难处，城市有城市的难处，别麻烦别人吧！”不过，爸爸嘱咐小王翠，一定要保存好纸条，好好学习，不要辜负南京那位叔叔的一片好心。

王翠记住爸爸的话，把纸条放在一个小盒盒里，珍藏着，放学回来就念一念看一看。她对妈妈说，你看我好幸福啊！爸爸说，王翠上学很用功，从来不用大人督促，肯定是这个小纸条在帮她。

几年过去了，王翠变成了一个大女孩，她顺利地考上了中学。假期回到家，她经常找出那张纸条，细细地再看上一遍，小纸条好像在为她喊：“加油！”

可是，1998年夏天，一场灾难突然降临到了王家！王翠的大弟弟从山路上摔下来，病情严重。为了给弟弟治病，王家负债累累，实在没有能力供王翠上学了。可王翠非常争气，学习成绩非常好。弟弟最终没救活，永远地离开了这个世界。全家陷入悲痛和困境之中。

2005年夏天，王翠不负众望，考上东北农业大学，终于圆了自己的大学梦。可是，家里四壁空空，弟弟妹妹都在上高中，实在无钱让她上大学！

王翠见妈妈为钱成天哭，想起那张珍藏了9年的小纸条，决定跟南京那位好心的叔叔联系。8月16日，王翠按纸条写下的地址给李思俭叔叔写了一封求助信。

让王翠没想到的是，她寄出的信很快有了回音。原来，9年来一直激励自己好好念书的那位好心人李思俭竟然不是一位叔叔，而是一位阿姨！

李阿姨收到王翠的信，立刻给王翠打了电话，王翠喊了一声李阿姨，电话两端的人都哭了。

9年前，李阿姨在棉袄里放纸条时，就想资助一个山里的孩子上学，可一直没有收到回信。9年后，她的家庭发生了变化：丈夫下岗了，每月只有200多块钱的生活费，儿子正在上大二,一家人仅靠她1000多元的工资生活。但李阿姨还是在电话里鼓励王翠克服困难去上学，并凑了2000元现金分两次打到农大王翠的银行储蓄卡上。

李阿姨所在的南京农行领导和同事们听说了这件事，都十分感动，纷纷自发地为这个有志气的农村女孩捐款，仅几天时间，就捐了好几万元。

李阿姨和农行领导带着大家的爱心，来到东北农业大学，表示愿意资助王翠大学四年的学费。

王翠和李阿姨有了9年来的第一次相聚，她俩紧紧拥抱在一起。王翠激动地称李阿姨为“亲爱的妈妈”，并且给妈妈写了一封深情的信。李阿姨在回信中落款“南京妈妈”，信中说：“你一定要学会去做人，学会去感受这个温暖，将来去做一个有用的人，回报社会，让其他人也去感受你的温暖。”

这一切，听起来好像真的是发生在童话里的故事！故事能有这样圆满的结局，我想是因为两个字：争气！

如果当年王翠就伸手向李阿姨要钱，王翠不一定会有今天这么优秀。正因为她很争气，很有志气，靠自己的力量考上了大学，才得到大家的尊重。

假如你是女孩，面对困难，你一定要有志气！生气不如争气。

假如你是像王翠那样的女孩，人们一定会竖起大拇指，为你喝彩：“中国孩子，真的了不起！”——有志气才会有出息！

女孩要瞧得起自己

如果您家有女儿，您千万别忘了为她们加油，多给她们鼓励，让她们瞧得起自己。

“谁说女子不如男！”豫剧《花木兰》中的一句唱腔，唱出了多少女孩的志气。有成就的女子小时候大都是有志气的女孩，黑皮肤的女孩赖斯就是其中的一个。

赖斯小时候，美国的种族歧视还很严重。特别是在她生活的城市伯明翰，黑人的地位非常低下，处处受到白人的歧视和欺压。

赖斯10岁那年，全家人来到首都纽约观光游览。就因为黑色皮肤，他们全家被挡在了白宫门外，不能像其他人那样走进去参观！小赖斯倍感羞辱，咬紧牙关注视着白宫，然后转身一字一顿地告诉爸爸：“总有一天，我会成为那房子的主人！”

赖斯父母十分赞赏女儿的勇敢志向，经常告诫她：“要想改善咱们黑人的状况，最好的办法就是取得非凡的成就。如果你拿出双倍的劲头往前冲，或许能获得白人的一半地位；如果你愿意付出四倍的辛劳，就可以跟白人并驾齐驱；如果你能够付出八倍的辛劳，就一定能赶到白人的前头！”

从此，为了实现“赶在白人的前头”这一目标，赖斯数十年如一日，付出超过他人“八倍的辛劳”，发奋学习，积累知识，培养才干。她不仅熟练地掌握了母语，还精通俄语、法语和西班牙语，考进了美国名校丹佛大学并获得博士学位，26岁时就已经成为斯坦福大学最年轻的女教授，随后还出任了这所大学最年轻的教务长。另外，赖斯还用心学习了网球、花样滑冰、芭蕾舞、礼仪等，并获得过美国青少年钢琴大赛第一名。凡是白人能做的，她都要尽力去做；白人做不到的，她也要努力做到。她终于成功了，昂首挺胸，堂堂正正走进了白宫，成为美国历史上第一位黑人女国务卿。

当有人问起她成功秘诀的时候，她说：“因为我付出了‘八倍的辛劳’！”

有志气才会有出息，有耕耘才会有收获。

面对歧视，父母要告诉女儿不必怨天尤人，也不必自暴自弃，而是应该先问问自己：我是不是瞧得起自己？我是不是有志气做“最好的自己”？我是不是付出了“八倍的辛劳”？

朋友的名片

姓名：争气

特征：不怨天尤人，自己默默地努力；不自暴自弃，自己瞧得起自己；不依赖别人，自己尊重自己。

口头禅：生气不如争气。

第四课

打开你自己

世界上最大的海是心海，能装下整个世界。

世界上最小的海也是心海，只能装下你自己。

如果你想成为一个快乐的人，就要从心里理解别人，悦纳别人。对待别人与你的差异，要正确地看待，并尝试接受；对待别人的弱点，要善解人意地宽容。这样，你才能活得快乐，并将快乐传递给身边的每一个人。

快乐人生的第十五个朋友——赞美

世界上最大的海是心海，能装下整个世界；世界上最小的海也是心海，只能装下你自己。快乐的人是能够打开心胸，放飞自己的人。那么怎样打开你自己呢？从本篇开始，知心姐姐将为小伙伴们讲快乐人生的第四课——打开你自己。五个新“朋友”将陆续与小伙伴们见面！

大人也需要赞美

人人都需要赞美，需要鼓励。小孩子需要，大人也需要。

我在《告诉孩子你真棒！》一书中，曾送给爸爸妈妈们两句妙语，一句是：享受你的儿子，对儿子说“有了儿子就是不一样！”另一句是：欣赏你的女儿，对女儿说“有个女儿真好！”

没想到，简简单单几句话，却改变了许多家庭的亲子关系。许多同学告诉我，他们特爱听爸爸妈妈讲这句话，因为这句话，让他们感受到了爸爸妈妈的爱！

《深圳青少年报》的副主编李青松是位年轻妈妈。一次见到我，她兴致勃勃地说：“我看了你的书，经常对3岁的儿子说：‘有儿子没儿子就是不一样。’儿子特来神，什么活都帮我干。一天，他让我帮他挠痒痒，我最烦挠痒痒，于是马马虎虎地在他背上划了两下，只听儿子甜甜地说：‘有妈妈没妈妈就是不一样。’这句话，就像一支兴奋剂，我立刻来了精神，特卖力气帮儿子挠了起来。你说怪不怪！”说完，她哈哈大笑，眼里却闪着泪花。

我也忍不住笑了：“我看不怪！这说明不光是孩子需要大人鼓励，大人也同样需要孩子的鼓励。”

大脑是一个神奇的世界。无论谁听到赞美的语言，大脑都会分泌一种叫“多巴胺”的快感荷尔蒙，进而产生“下次一定要做得更好”这样的欲望。听到责骂自己的语言，大脑也会分泌一种有毒的荷尔蒙，让人产生烦躁，从而影响自信心的形成。

爸爸妈妈每天工作很辛苦，常常因为一点小事心里烦，晚上回到家，有时候会对你发脾气。如果你和他们对着干，那谁也不愉快；如果你能体贴他们，悦纳他们，对他们说：“妈妈，你今天做的饭真好吃！”“爸爸，你的主意真不错！”他们一定会高兴起来。

面对他人，你绝不要吝啬你的赞美。当你看别人的成绩，你一定要说声“你真棒”，改变角度就改变了关系。赞美永远是不过时的交往艺术，只要你学会从别人身上寻找优点开始以赞美，你将会得到意外的收获。

孩子，“你真棒”

在一次天津的家教报告会后，一位母亲拿着我写的书《告诉孩子你真棒！》来找我，困惑地说：“我女儿把您的书名改了！”我一看，“棒”字上用铅笔打了个“×”，换成了“差”。《告诉孩子你真棒！》一下子变成《告诉孩子你真差！》

“您是不是老说孩子差？”我问。

“没错。女儿在学校挺优秀，可我老看不上她，觉得还可以再优秀些，总说她差，她对我意见可大啦！”

我对她说：“孩子是需要鼓励的，每个人都有‘棒’的地方，人是为自己‘棒’活着，不是为‘差’活着，如果孩子认为在妈妈眼中是‘最棒'的，她就一定会棒起来。"

有位心理学家曾做过这样一个实验：把两个洋葱放在同样养分环境的瓶子里，按时浇水。每天对其中一个多次说："你真棒！你一定会茁壮成长，我们都爱你！"而对另一个洋葱则说："你真差！傻瓜，白痴，你肯定会死的。"过不了多久，他发现，被美的语言滋润的洋葱在茁壮成长，而每天被恶毒语言包围的洋葱却逐渐萎靡，生长的速度也很缓慢。

这是为什么呢？

原来，恶语能伤害大脑，而赞美却可以改变大脑。

一项调查得出一个令人震惊的结论——缺乏自信的人与自信极强的人相比，大脑的体积要小 20% 左右。

有一位在事业上卓有成就的人，他儿时却是一位注意力低下、厌学厌世、有严重学习障碍的孩子。尽管老师说："这个孩子没有希望。"他却在心里默念："老师怎么可能了解我，我才是最了解自己的人。"因为他的父亲经常对他说："你以后一定能成大事。"这句话深深印在他的大脑里，并且形成信念，使他坚信自己一定能成功。

如果你爱你的孩子，那么你能送给他最好的礼物就是真诚的鼓励和赞美。阿里巴巴打开四十大盗的宝藏用了一句秘诀：芝麻开门。今天打开孩子"大脑"这神奇而又神秘的宝库，也有一句秘诀："孩子，你真棒！"

朋友的名片

姓名：赞美

特征：能用爱的眼睛去发现别人的长处，能用赞美的语言支持鼓励别人。

口头禅：你真棒！

快乐人生的第十六个朋友——融合

面对陌生的集体

当你来到一个陌生的环境，走进一个新的集体，你是不是觉得很不习惯？你知道怎样融入一个陌生的群体吗？我的一个小朋友——小魔女 COCO 就遇到过这样的烦恼。

小魔女 COCO 转学了。

她一百个不愿意，可没办法，爸爸妈妈工作调动，家从重庆搬到了北京。离开了生活九年的城市，离开了熟悉的学校、老师和同学，闯进偌大个北京城，小魔女没有了朋友，孤独极了，哪儿也不想去玩。她要回重庆，哪怕一个人回去！

一天，聪明的 COCO 灵机一动，写信向“知心姐姐”求援，或许“知心姐姐”能帮助说服妈妈，让我回老家！

在信中小魔女大倒苦水：“过去在班里我是一个小干部，有好多事做，可是现在来到新集体中，没人认识我，没事可干，没人理我，我没有朋友，没有快乐，我很郁闷，我要回家！”

小魔女好可怜，孤独的感觉的确难受！

我给她回信说：“人一生中要换许多地方，结识许多新朋友。走进一个陌生的世界，你要主动伸出手，别人才能和你手拉手。究竟怎样才能融入一个全新的群体呢？我不知道，可我相信你能行，一定行！”

半年后的一天，小魔女的妈妈告诉我，小魔女现在变化可大了，已经融入了新集体！

太好了！我们生活中，有许许多多随父母工作调动的孩子正面临着转学的烦恼，小魔女有什么魔法，让自己很快融入这陌生的群体呢？

我立刻给她发短信，让她帮我一个忙，把她的魔法告诉我，我好告诉别的小伙伴，谁让我们是朋友呢！

小魔女特够朋友，一放寒假就开始动笔。春节前的一天，小魔女发来“密件”，打开一看，写得真棒！小魔女说：

> 怎样融入这个陌生的群体呢？我犯难了。我能接受这个陌生的群体，这个陌生的群体不一定能接受我这个陌生的人。
>
> 一个学期以后，我终于渐渐悟出了融入群体的方法——多多付出。
>
> 这里不像从前，没有午休。由于不太敢说话，很少和同学们一起出去玩，所以中午对我来说是很无聊的。不过还好，唯一能供我消遣的就是——书。
>
> 那天中午，我带了一本《小妇人》到学校去看。正当我看得津津有味的时候，坐在第一组的Windy把我的书拿走了，一边看着书的名字一边问我：“你的？”
>
> “是。”我尽量简练地回答。
>
> “嗯，挺好的。”她用欣赏的眼光打量着这本书，然后放下它，双眼直直地看着我，“你看完了能不能借我？”“行！”
>
> 就这样，我借出了第一本书。
>
> 几天后，Windy突然找到我，指着书背后的书目问我：“你有哪些？”“我啊，嗯……我有这个，还有这个……”好一阵指来指去，搞得Windy晕晕乎乎的。没办法，只能用圆珠

笔把我拥有的书一本一本圈出来，只不过我当时并没想到那深深的圆珠笔印后来会成为我极有价值的珍藏。

“那好吧，你明天帮我带这本还有这本……”Windy一下子点了好多书，不过我倒没关系，几本书算什么？

不久，为了让Windy看到我所拥有的多种多样的书，我列了一个书目表；很快，这个书目表传遍了全班同学的手中。半个学期后，我的书包比其他同学重了十倍……

一个学期后，我突然发现我居然融入这个群体了，并且已经和同学们“混”得非常熟了。

原来小魔女的秘方是：付出才能融入。用她的话说：“面对陌生，要善于融入群体，勇于为群体付出。”

本来嘛，一回生，二回熟，你来我往，陌生就变成熟悉。对每个人来说，世界本来都是陌生的，你走近了他，他也走近了你，老一个人待着，谁敢走近你？你不付出，谁会在乎你？

面对陌生，如果你能处处表现出热忱，热心去帮助别人，就能吸引很多朋友。相反，那些只为自己打算，斤斤计较的人，就会到处被人冷落。有些人不舍得为大家付出，尽管他学习很好，也很有才能，但他没有凝聚力。

你想尽快融入一个陌生的群体吗？你想成为一个受欢迎的人吗？那就像小魔女COCO那样，伸出你的手，奉献你的力吧！

对了，我还忘了告诉你，小魔女COCO的真姓大名叫杨可杨，现在已经是中学生了。

面对陌生，你要主动付出，付出才能融入。你帮助了别人，别人才会记住你，你为集体付出爱心，集体就会拥抱你！

帮助孩子走出孤独

“独生子女”的“独生”意味着现在的孩子没有兄弟姐妹，家里只有爸爸妈妈，或者再加上爷爷奶奶外公外婆，但却没有同代的玩伴。怎样帮助孩子走出“孤独”？是所有父母都关注的话题。

打开心门，从小培养开放心态是十分重要的。把心门打开，别人才能走进去；主动与人合作，别人才能与你分享快乐。

传说，有个人死后来到地狱，惊讶地看到那里放着一口巨大无比的铁锅，里面煮着各种各样的美味。可奇怪的是，地狱里的人却面黄肌瘦、愁眉苦脸地站在锅旁发呆，每个人的手里都拿着一把长柄勺子。说真的，那勺柄实在是太长了，可以用它舀到食物，却无法送回自己的嘴里！

于是，他又去了天堂，同样看到了一口盛满美食的大锅和许许多多的长柄勺子。但天堂里的人们却在幸福快乐地舀着锅里的食物，然后高高兴兴地送到其他人的嘴里……

这场景真耐人寻味！它告诉我们：孤独无助的人，是因为只看到自己的力量，而没有看到与人合作的力量；幸福的人，是善于与人合作，共享快乐的人。帮助孩子走出孤独，就要从小培养开放心态，培养与人合作的意识。

当别人家小孩来你家与你家孩子玩时，你要愉快地欢迎他们，接待他们，不要表现出满脸的不高兴。

当你的孩子提出，要把家里的图书、玩具拿到学校与同学分享时，你要表示支持，不要以担心把东西弄坏为理由而拒绝孩子。

当你的孩子老把自己关在房里不出时，你要想办法把孩子带出去玩，开阔他的眼界。

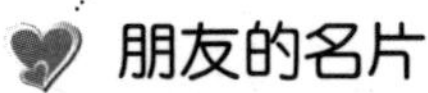

朋友的名片

姓名：融合

特征：在集体生活中，他舍得付出，他以人为友，他不惧怕陌生，他到哪里都会和那里的伙伴结合起来。

口头禅：我能和你们一起玩吗？

快乐人生的第十七个朋友——宽容

宽容让你赢得朋友

没有宽容就没有友谊，没有善待就没有朋友。

下面我给你讲一个故事：

有一个人在拥挤的车流中开着车缓缓前进。当他等红灯的时候，一个衣衫褴褛的小男孩敲着车窗问："先生，要不要买花？"他刚刚递出去五块钱绿灯就亮了，后面的车猛按喇叭催促。可是那个男孩还在问喜欢什么颜色的花。于是，他非常粗暴地对男孩吼道："什么颜色都可以，你只要快一点就行了！"男孩很快地选了一束花递过来，并且十分有礼貌地说："谢谢您，先生。"

又开出一小段路后，那人有些良心不安了：自己态度这样粗暴无礼，可对方却只是个孩子，而且还是那样地有礼貌……于是，他把车靠到路边停下来，下车走回男孩身边，道了歉，并又掏出五块钱，让男孩自己选一束花送给喜欢的人。男孩笑了笑，再次感谢后接过了钞票。

可是，当那人再回去发动汽车时，却发现车子出了故障，动不了了。一通忙乱之后，他只好决定步行去找拖车帮忙，谁知就在这时，一辆拖车戛然停在了他的车前。

那人惊喜万分，拖车司机笑着走过来对他说：“先生，需要帮忙吗？有个小男孩给我十块钱，请我过来看看。对了，他还写了一张纸条。”

那人接过纸条打开一看，上面只写着一句话：“这代表一束花。”

小男孩的故事令人感动。你看，虽然他只是一个衣衫褴褛的穷孩子，虽然他只靠卖花挣点钱填饱肚子，但是，他却得到了人们的景仰，让人们不能忘记他。因为，他拥有一颗博大的爱心，拥有一个宽容的胸怀！正如法国大文豪雨果所说：“世界上最宽阔的东西是海洋，比海洋更宽阔的是天空，但比天空还要宽阔的却是人的胸怀！”

所以我们说，宽容是和谐大厦的基石，融洽的集体关系是建立在宽容相待的基础上的。

宽容有五大好处：

①宽容的人爱记住别人的好处，总是心存感激，所以乐意帮助他的人多多。

②宽容的人能与人同乐，给人快乐；自己也是只记快乐，不记烦恼，所以他的快乐比人多多。

③宽容的人善于发现别人的优点，肯定别人的长处，所以他的朋友多多。

④宽容的人善解人意，能够体谅别人，尊重别人，所以愿意与他合作的人多多。

⑤宽容的人对别人宽容时，必定对自己宽容，因而计较得少，知足常乐，所以他的“财富”多多。

与宽容交朋友，你就能拥有许多朋友；与宽容交朋友，你就能活得快乐！

孩子的成长需要宽容

我看过一篇文章，题目叫《容纳》，讲的是越战结束后一个美国士兵的故事：

一个士兵打完仗回到国内，从旧金山给父母打了一个电话。

“爸爸妈妈，我要回家了！但我想请你们允许我带一位朋友回来。”

“当然可以，我们见到他会很高兴的。”父母回答道。

“有些事必须告诉你们，”儿子继续说，“他在战争中受了重伤，他踩到地雷，失去了一只胳膊和一条腿。他无处可去，我希望他能来我们家和我们一起生活。”

“我很遗憾听到这件事，”妈妈说，“孩子，也许我们可以帮他另找一个地方住下来。”

“不，我希望他和我们住在一起。”儿子坚持。

“孩子，”父亲说，“你不知道你在说什么，这样一个残疾人将会给我们带来沉重的负担，我们不能让这种事干扰我们的生活。我想你还是赶快回家来，他自己会找到活路的。”

就在这个时候，儿子挂了电话。

父母再也没有得到他们儿子的消息。然而几天后，他们接到旧金山警察局打来的一个电话，被告知，他们的儿子从高楼上坠地而死，警察局认为是自杀。

悲痛欲绝的父母飞往旧金山。在陈尸间里，他们惊愕地发现，他们的儿子只有一只胳膊和一条腿。

看了这个故事，我的心情久久不能平静。

我想，假如拒绝“他的朋友”回家的是别的什么人，儿子也许不会自杀，因为他还有最后一线曙光，即父母的宽容；然而，拒绝残疾儿子回家的不是别人，正是自己的父母亲，而且他们把话说得那么绝，“一个残疾人将会给我们带来沉重的负担，我们不能让这种事干扰我们的生活”。孩子绝望了，最后一线曙光消失了，终于他走上了不归路。

假如，这对父母对“残疾人”有一点点宽容，有一点点同情，有一点点怜爱之心，儿子也不会走这条道。

因为，父母的宽容是孩子心灵最后的港湾，最后的希望！联想到我们身边的那些爱犯“错误”的孩子，他们何尝不是在企盼着父母的宽容呀！

是孩子就可能会犯错，父母要给他改错的机会。每个孩子都是在不断地犯错、认错、知错、改错中成长的。当孩子犯了错误，要允许他改正；当孩子犯了罪跑回家，你要给他做顿饭，让他吃饱了送他去公安局自首；当孩子成了少年犯，进了少管所，你要常去看他，不要放进去就不管他，更不能说跟他断绝亲子关系。法律上能断绝，亲情上却断不了，因为那是你的孩子！

一个儿子犯了罪，他的母亲辞了职，穿着一件大红的毛衣，天天跑到离少管所不远的山上，站在山头上高喊儿子的名字。儿子被震撼了，整个少管所里的少年犯都被这位母亲震撼了，他们集体跪下给这位母亲磕头，哭喊着：“妈妈！妈妈！你回去吧！我们对不起你呀！”

这位母亲用自己博大的爱感动了一大批少年犯，他们痛改前非，重新做人，进步很快。后来少管所还为这位母亲发了奖。

这就是亲情包容的结局。

当一个人绝望的时候，最需要的是亲人的宽容。爸爸妈妈永远是孩子心中最后的底线，家庭永远是浪迹天涯的游子最后的归宿。

“宽容”能培养孩子的情怀，使他不回避错误又能善解人意。在宽容中长大的孩子将会极富耐心。

朋友的名片

姓名：宽容

特征：他极富耐心，善解人意，他的心胸开阔，能装下整个世界，他的朋友多多。

口头禅：我已经原谅你了！

快乐人生的第十八个朋友——理解

我给自己找后妈

现在，单亲家庭的孩子真多，他们的烦恼也真多。有的抱怨，有的难过，有的痛苦。

面对单亲，有个自称“灰姑娘”的北京女孩却创造了奇迹。亲妈去世后，她竟然给自己找了个后妈。让我们来分享她的故事吧！

我没有妈妈。我是一个亲妈去世、亲爸超忙，没有人管、无法无天的疯丫头。

老爸整天忙于工作，他和我的交流都是从询问成绩开始，以拳头落下收场。我的成绩总是不尽如人意。其实我在班里也是前十名，还是学习委员，每次被老爸教训，我就有不想活的念头，真想让妈妈也把我带走算了。心里的怨恨只好发泄在我的东西上：小熊维尼的肚子变成拳击沙袋，书本满天飞，还要加上惊天动地的大哭——当然是在老爸不在的时候。

那天，我碰见了妈妈的朋友芳姨，上前叫住了她。芳姨看见我很高兴，像以前一样把我揽在怀里。呵呵，极像妈妈！

自从图书馆遇见芳姨后，我萌发了一个超级大胆的想法：

把老爸介绍给芳姨！

接下来，我开始绞尽脑汁地想办法让芳姨和老爸见面、相处。

芳姨经常来我家，这是我努力的结果。看得出来，老爸很快接受了芳姨，他本来是很不讲究衣着的一个人，现在居然把自己收拾得很精神。对我也变得温柔了，有一次竟然抚摸了我的头。

芳姨终于答应嫁给我老爸了！我和灰姑娘在这一点上有所不同，她有个被迫接受的坏后妈，我呢，有个我自己找来的好后妈。芳姨来到我们家，并且改变了我的老爸，最重要的是她带来了阳光。当我因为不开心而暴躁冲动的时候，当我莫名其妙乱发脾气的时候，芳姨总是用她的耐心扑灭我的火气。有意思的是，芳姨也有不开心的时候，我呢，又用我的顽皮和鬼点子逗她开心——我渐渐学会了用粗暴以外的方式对待难题，我发现这比最后缩在床脚哭泣好很多。

我爱芳姨，就像爱妈妈一样，在妈妈怀里闻淡淡的清香，这种幸福，我永远珍惜。

“灰姑娘”的亲妈去世了，这本来是件不快乐的事情，但“灰姑娘”却让自己快乐起来了，原因是她理解了失去爱妻的爸爸，让爸爸快乐了，也让自己变得快乐了。爸爸有了爱，变温柔了，不仅不再粗暴地打女儿，而且第一次抚摸了女儿的头。

单亲，不是你的错，但怎样面对单亲却是你的事。那么，怎么从单亲的痛苦里走出来，寻找快乐呢？答案就是两个字：理解。不仅世上万物相互依赖，在家庭生活中，父母与孩子也是相互依赖，相互依存的，就像“人”字。依赖的根基就是理解。

有理解才会有快乐。你快乐了，才能把快乐的礼物送给你的亲人；

你的亲人快乐了，才会回赠给你不尽的快乐。

女儿救了我全家

几天前，10岁女孩杨欢的妈妈许女士给“知心姐姐”打电话，说：“是女儿救了我全家，没有女儿，就没有我的今天！”

原来，10年前，在内蒙工作的许女士嫁给了北京人——杨欢的爸爸。这些年，许女士一直带着杨欢在内蒙生活。为了结束两地分居的生活，许女士毅然辞去了有着丰厚待遇的内蒙政府机关的工作，带着杨欢来到北京，回到丈夫身边。

没想到，许女士在北京没有工作，加上生活中和丈夫摩擦不断，夫妻俩总是因为小事大动干戈，一次许女士和丈夫吵架后，有了轻生的念头，准备好了自杀用的药和给女儿的信。但是，就在她服药的时候被女儿发现了，把药打翻在地。

杨欢理解妈妈的心，她深情地给妈妈写了一封信，信中说：“妈，我知道，您现在所做的一切都是为了我，其实您本可以飞黄腾达，但您却放弃了，您本不用到这儿来受气，但是为我您来了，也忍了、受了。我知道您现在这么生气，是恨铁不成钢，我能自信地告诉您，我能好好学习，我能控制自己，如果我有做得不对的事，您也要纠正，妈妈您愿意听听我的心里话吗？”

为了怕妈妈再产生轻生的念头，杨欢每天晚上都先把妈妈哄睡之后，自己才躺在床上，半眯着眼睛睡一小会儿。为了妈妈，她什么都肯做。

杨欢听说很多外来的媳妇在家里都受冷眼，她想，妈妈没有工作可能是家庭矛盾的原因，因为她常看见妈妈在家无事做就发呆。于是，她上网帮妈妈搜索一些社团信息，她发现，像自己妈妈这样的外来媳妇也都有同样的烦恼，为什么不把她们联系起来做点事情呢？于是她鼓励自己的妈妈组建一个“外来媳妇联谊会”，她还利用课余时间跑到妇联，帮妈妈联系这件事。

2006 年 10 月 29 日，杨欢和妈妈一起走进北京电视台“知心家庭 · 谁在说”节目，她的建议，受到许多热心人的关注，她对妈妈的理解，也深深感动了大家。

和谐的家庭最需要的是理解。夫妻之间需要理解，亲子之间需要理解，如果我们每个人，都能像可爱的杨欢那样，能设身处地为别人着想，这世界就会增添许多快乐，减少许多矛盾！

朋友的名片

姓名：理解

特征：遇事能站在对方的角度设身处地为别人想一想，将心比心。

口头禅：我能理解你！

快乐人生的第十九个朋友——悦纳

如果把世界比作海洋，那每个人都是其中的一滴水珠，我们相互依存，没有人能够脱离他人而独立存在。如何与他人和谐相处，是每个人都要面对的问题。只有打开你自己，才能融入世界的海洋中。

悦纳，正是打开自己的金钥匙。

悦纳，让杨阳赢得爱

四川有个男孩叫杨阳，他有父母却没有家，流浪在街头。

第一次见到杨阳，我简直不敢相信他是一个流浪儿。只见他衣着整齐，面带微笑，脸上洒满了阳光。

在北京电视台“知心家庭·谁在说”电视节目录制现场，我作为嘉宾主持人和杨阳“面对面”，听到了一个感人的故事。

杨阳原名叫赵友伟，出生在四川一个小山村。一岁多的时候，妈妈因爸爸赌博成瘾而离开家，一去不回。爸爸把他放在姑姑家。

被父母抛弃的杨阳，从此和姑姑一起生活，他和姑姑感情很深。长到16岁，他不想再给姑姑增加负担，就带着几十块钱，独自去江苏找妈妈。

因路费不够，他步行了一天一夜才来到妈妈生活的小村子。可是那时妈妈已经成了家有了两个孩子。他万万没想到，当他激动地叫出“妈妈”时，换来的却是母亲一记响亮的耳光!

“你爸是浑蛋，你也是，我和你没关系!”这一记耳光打碎了杨阳心中最后一丝对亲情的渴望!他悲痛欲绝，跪拜了妈妈，扭头离开，从此开始了流浪的生活，从四川来到北京。

他白天找活干，晚上露宿街头，公园、医院、网吧、取款小屋他都住过。由于他有严重的心脏病，干不了重活，一次次被辞退。茫茫黑夜，杨阳常常跪在地上哭泣:“我有父母，可我怎么没有家!”

一个好心的姐姐给他起了个名——杨阳，希望他像杨树那样挺拔，像阳光那样灿烂!杨阳想起自己报国的梦想，脸上有了微笑。每天早晨当太阳升起的时候，他都会去公共洗手间洗脸刷牙，把脏衣服洗一洗，放在阳光下晾干。

杨阳酷爱读书，在流浪的日子里，他天天写日记，还通读了莎士比亚全集。他试着和外国人学英语，他想2008年为奥运做贡献，他说，他要做好人，决不学坏!

一次，他昏倒在街头，被好心人送进北京同仁医院。急诊室主任付研阿姨救活了他的生命，每天还精心照顾他。杨阳多想喊她一声“妈妈”，可他没有勇气。出院后，杨阳不止一次去医院门口等付研阿姨，还悄悄跟她去病房，想再看付研阿姨一眼，可他不知道该用什么来报答这位救命的妈妈。

在“知心家庭·谁在说”演播现场，杨阳的愿望实现了，他见到了付研阿姨，两人相拥而泣!

杨阳对大家说，他现在已经原谅了他的父母，妈妈有了新家，又带了两个孩子不容易，爸爸生活贫困潦倒，也不容易。

节目最后，杨阳深情的话语感动了每一个人：

“世间的万物都需要包容，我会原谅别人所犯的错误，我会怀着一颗感恩的心，去感谢世界，感谢帮助过我的人。”

我流泪了，付研阿姨流泪了，场上的人都流泪了，这样一个不幸的男孩，心中却充满了阳光。

悦纳，让杨阳赢得了大家的爱。

换位

一家医院的小病房里住着两个病人。由于房间很小，只有一扇窗子可以看见外面的世界。其中一个人，在他的治疗中，被允许下午坐在床上一小时，他的床靠着窗。而另一个人终日都平躺在床上。

每天下午，睡在窗旁的那个人，都会把窗外的景致描绘给另一个人：窗口向外看，可以看到公园的湖，湖里有鸭子和天鹅，孩子们在那儿放模型船，年轻的恋人在树下挽手散步，在鲜花盛开、绿草如茵的地上，人们玩球嬉戏……还有美丽的天空。

另一个人倾听着，享受着每一分钟。临窗病友的述说，几乎使他感觉到自己就生活在外面的世界里。

然而，在一个天气晴朗的午后，他心想：为什么睡在窗边的人可以独享看到外面世界的权利呢？为什么我就没有这样的机会？他觉得不是滋味，越这么想，就越想换床位。他一定得换才行。

那天夜里，他盯着天花板瞧，临窗的病人忽然醒了，拼命地咳嗽，一直想用手铃叫护士来。但这个人只是旁观而没有帮忙……尽管他感觉同伴的呼吸几乎快要停止了。

第二天早上，护士来的时候，临窗的人已经死了，他的尸体被静静地抬走。

这人问护士，他是否能换到靠窗户的那张床上。护士搬动了他，帮他换位了，使他觉得很舒服。护士走了以后，他拼命用手支撑起来，吃力地往窗外望……

但，窗外只有一堵空白的墙。

读了这个故事，我的心久久不能平静。那两张病床，那病床前的窗时时在我眼前闪动。从中我悟出一个道理：与人相处，要学会换位思考。有时，人们常常表现出“以小人之心，度君子之腹”，爱用怀疑的眼光看对方，这样往往误解人家的本意。如果换个角度想，将心比心，其结果是不同的。

比如，做父母的换位想想，假如我是孩子，我该怎样？这样就能理解孩子的心事，有事就会和孩子商量着办。做孩子的换位想想，假如我是父母，我会怎样……这样就容易体谅父母的苦衷、体贴父母，理解父母的教导。

换位思考才能悦纳别人。

朋友的名片

姓名：悦纳

特征：用喜悦的心情去接受别人，用感恩的心去回报别人。

口头禅：换个角度想想看。

第五课

充实你自己

假如把成功比作天堂，那么通往天堂的路只有一条，就是乐学好问。因为生活中随处有我们不知道的知识，需要学习的地方实在很多。因此，要想取得成绩，必须勤思考，专心学习，并在不断学习中有所创新，如果能做到这些，相信你一定会进步神速。

快乐人生的第二十个朋友——乐学

好学不如乐学

子曰：知之者不如好之者，好之者不如乐之者。

孔子这句话的意思是说：知道它的人不如喜欢它的人，喜欢它的人不如以它为乐的人。

学习有三种不同的境界：知道——喜欢——乐在其中。

“知道”偏重理性，你是你，我是我，只是被动学习知识，不能把握自如。

“喜欢”触及情感，产生兴趣，喜欢学就学，不喜欢就放弃，不能长久。

“乐在其中”才是“乐之者”的境界。学习起来非常“投入”，几乎“陶醉”，这样的人学习不累。

我的朋友海翔就是一个“乐学者”，他曾是北京四中的高才生，毕业于清华大学国际MBA。

我曾经拜访过海翔，向他讨教“乐学”的良方。他毫无保留地介绍了三条经验：

第一，学习是有方法的。

学习有三个基本过程：理解→记忆→应用，如果把顺序搞错了，学习肯定会出麻烦。就拿学英语单词来说，有的同学喜欢拿着单词本死记硬背，这种方法单调又枯燥。仔细想想，绝大多数单词都是由“零件”组合起来的，比如 television（电视）这个单词，tele 就表示“电”，vis 经常用来表示跟“看”有关的意思，ion 是名词后缀，这样一来，信息全部凑齐了，你就记住这个单词是“电视”了。如果按顺序去死记这十个英文字母，那可就太辛苦了。

各门学科都有各自的学习重点和方法，所谓“行家一出手，就知有没有”，说的就是套路和方法。

第二，学习是艰苦的。

上中学时，我每天自行车换公交车，在上下学路上要花 3 个多小时。

为了解除疲劳，我想出一个好办法，回家以后先洗脸洗脚，然后上床睡觉；吃晚饭时间正好用来恢复精神；吃完晚饭，休息也充分了，精神也恢复了，我再学习。

为了让自己学习不打盹儿，我合理安排了学习顺序：学英语最累最单调，索性把它放在最前面；做数学题不容易犯困，干脆就往后放一放。还把自己感兴趣或容易一些的科目当作一种奖励，用它鼓励自己，吸引自己。

人们常说：“自助者天助！”学习上的“吃苦”，是任何人都不能代替你完成的！

第三，学习是有乐趣的。

学习是一种“渐入佳境”的过程，当你真正钻进去的时候，就能感受到它的乐趣。

做题跟玩游戏有很多相似的地方，都要求尽量得高分，获得足够的经验值，开心过关。所以，我经常会找来一本英语习题集，每十道题分为一组，开始自己的挑战练习。只要有一组题可以完全答对，就奖励自己稍微休息一会儿，或去吃一个水果……

海翔的经验，让我明白一个道理，只有全身心地投入学习，才能

体验到学习的乐趣。

假如把幸福比作天堂，那么能往天堂的路只有一条，那就是乐学。

假如把痛苦比作地狱，那么通向地狱的路也只有一条，就是厌学。

改变你的未来，就必须先改变你的内心。天堂是用智慧建造的，而地狱是用愚昧铺成的。

妈妈，只有您能欣赏我

父母的指责，会让孩子厌学；父母的欣赏，会让孩子乐学。

一名学习成绩差的男孩子考上了清华大学，他的母亲曾讲过一个感人的故事：

> 第一次参加家长会，幼儿园的老师说："你的儿子有多动症，在板凳上连三分钟都坐不了，你最好带他到医院看一看。"
>
> 回家的路上，儿子问她老师都说了些什么，她鼻子一酸，差点儿流下泪来。因为全班三十位小朋友，唯有他表现最差；唯有对他，老师表现出不屑。
>
> 然而，她还是告诉儿子："老师表扬你了，说宝宝原来在板凳上坐不了一分钟，现在能坐三分钟了。其他的妈妈都非常羡慕妈妈，因为全班只有宝宝进步了。"
>
> 那天晚上，她儿子破天荒吃了两碗米饭，并且没让她喂。
>
> 儿子上小学了。
>
> 家长会上，老师说："全班五十名同学，这次数学考试，你儿子排第四十五名，我们怀疑他智力上有些障碍，您最好能带他去医院查一查。"
>
> 回去的路上，她流下了泪。然而，当她回到家里，却对坐在桌前的儿子说："老师对你充满信心。他说了，你并不是

个笨孩子，只要能细心些，会超过你的同桌，这次你的同桌排在二十一名。”说这话时，她发现，儿子黯淡的眼神一下子充满了光，沮丧的脸也一下子舒展开来。她甚至发现，儿子温顺得让她吃惊，像长大了许多。第二天上学时，去得比平时都要早。

孩子上初中了，又一次家长会。她坐在儿子的座位上，等着老师点她儿子的名字，因为每次家长会，她儿子的名字在差生的行列中总是被点到。

然而，这次却出乎她的预料，直到结束都没有听到。她有些不习惯，临别去问老师，老师告诉她：“按你儿子现在的成绩，考重点高中有点儿危险。”

她怀着惊喜的心情走出校门，此时她发现儿子在等他。

路上她扶着儿子的肩，心中有一种说不出的甜蜜，她告诉儿子：“班主任对你非常满意，他说了，只要你努力，很有希望考上重点高中。”

高中毕业了，第一批大学录取通知书下达时，学校打电话让儿子到学校去一趟。

她有一种预感，她儿子被清华录取了，因为去报考时，她给儿子说过，她相信他能考取这所学校。

她儿子从学校回来，把一封印有清华大学招生办公室的特快专递交到她的手上，突然转身跑到自己的房间里大哭起来，边哭边说：“妈妈，我知道我不是个聪明的孩子，可是，这个世界上只有您能欣赏我……”

她悲喜交加，再也按捺不住十几年来凝聚在心中的泪水，任它打在手中的信封上……

父母不能只做传声筒，而要做转化器，把指责转变为鼓励，把负信息变成正信息。一句鼓励的话，能改变一个孩子的命运；一句负面话，可以毁灭一个孩子的前途。

朋友的名片

姓名：乐学

特征：一说学习眼睛就发光，一说考试就跃跃欲试，一说学习浑身就来劲。

口头禅：知之者不如好之者，好之者不如乐之者。

我要学。

快乐人生的第二十一个朋友——好问

学问，学问，博学好问

平时我们在评价一个知识渊博的人常常说他有“学问”。

什么叫“学问”呢？

学问学问，学了之后再问。所以学问包括两种意思，一是博学，一是好问。

有些同学，还没学，问题一堆。我到各地去，常常会接受小记者的采访。有些小记者拿个小本，好像要给你考试一样，一个问题接着一个问题问。然后你每一次在回答他的问题，才回答了几句，他就说：“知心姐姐，我再问你一个问题。”然后，我又很专注地回答他的问题，回答还没到一半，他说：“好，我再问你一个问题。”

当时我就想，他为什么有那么多的问题？其实他没学，他大脑这部机器没有开动起来，心里想的全是事先写好的问题，他关注的是把自己准备的问题问完，而不是你的答案。这样问得再多，也问不出学问的厚度来，得到的只是肤浅的表面的东西。

我们说“慎思”。问好之后，你要好好思考而转化成行为，你这个学问才是真正扎下去。一个道理一定透过博学、提问、慎思这三个过程，然后进行辨别，确定是正确的就可以去落实，反复实践，有了自己的感悟，你才能有真才实学。

今年《中国少年报》和中国大百科出版社共同开展了一个活动："我给百科出个题"。

活动中，我们提倡"提个好问题"。我发现，那些爱学习的人会提出更多的好问题。比如，看过《中国少年儿童百科全书》和《上学就看》这些百科类书的同学会提出："蚂蚁睡觉闭眼睛吗？""黄瓜明明是绿的，怎么叫黄瓜？""为什么叫买东西，而不叫买南北？""井盖为什么是圆的，而不是方的？""尿为什么是黄的？""打喷嚏为什么会流眼泪？"

活动中收获最大的同学不仅是好学，而是好思考，他们提出的问题让专家都赞叹不已。我希望每位同学都是个有学问的人，好学又好问，这种能力将使你成为一个有很强学习能力的人。

父母怎样向孩子提问？

在家庭教育中，提问比说教更有效。

有效的提问可以给孩子独立思考的空间，带给孩子洞察力，从而激发好奇心，而好奇心又会培养智慧。

怎样提问？

提问是有技巧的。发问的出发点不同，对方的反应也会不同。

比如，一个孩子做错了题，妈妈责问他："我提醒你多次了，为什么还是出错？欠揍！"

这个提问有很强的批判性，妈妈的出发点不是问原因和解决办法，而是质问、威胁和指责。孩子在强烈的批评气氛中，情绪会更加紧张，产生烦躁和抗拒。

如果父母的出发点是解决问题，不妨试一试这样的问话方式："如果重新再做一遍，你会看到什么不同的做法，还可以得出什么不同的结果？”

这时，孩子会认真思考，提出有效的对策。后一种启发性的提问方式，会使孩子变得积极起来，开始思考如何解决问题。

有一位叫肖艳的妈妈总结出帮助孩子解决问题的“天龙八步”，很有效果。

孩子和同学的打架，受到老师处罚，情绪低落回到家，妈妈先问孩子八个问题：

第一个问题：“发生什么事情了？”不是习惯性地下结论：“一定是你先打他，他才会打你。”“一定是你做错事，老师才会处罚你。”而是给孩子说话的机会。

第二个问题：“你的感受如何？”孩子一旦说出来，哭一哭，骂一骂，心情会好多了。因为当一个人有情绪的时候，别人说什么他也听不进去，总要先给他的情绪一个出口。

第三个问题：“你想要怎么样？”孩子冷静之后，可以提这个问题，不管孩子说出什么惊人之语，也不要急着教训他，而是冷静地观察。

第四个问题：“你觉得有没有其他更好的办法？”这时最好和孩子一起做脑力锻炼，想各种点子，合理的、不合理的、荒唐的、可爱的、恶心的、幼稚的……

第五个问题：“这些方法实施的后果将会怎样？”这时你会惊讶地发现，大部分孩子都明白事情的后果。如果他的认知尚有差距，可以跟他好好讨论而避免说教。

第六个问题可以帮他下决心：“你最后决定怎么做？”父母要尊重孩子的决定，即使他走错了，也可以从中学到更珍贵的教训。成人要言而有信。不能先问他怎么样，又告诉他不可以这样决定。

第七个问题："你希望我做什么？"表示支持同时可以提出你自己的建议，但决定权还在孩子。

第八个问题："结果怎么样？有没有如你所料？"或是"下次碰到相似的情况，你会怎么选择？"让他有机会，检视自己的判断。

肖艳妈妈创造的"天龙八步"问答法，使孩子有了自己解决问题的能力，很值得我们学习。

朋友的名片

姓名：好问

特征：爱学习，爱动脑，遇事总爱问"为什么"。

口头禅：每事问。

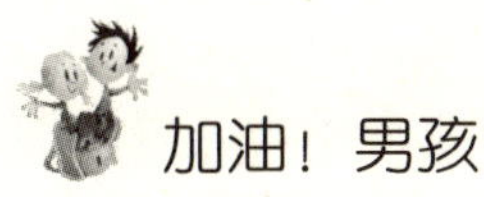

快乐人生的第二十二个朋友——专心

大脑，大脑，开开门

大脑是一个神奇的世界。

正是这个神奇的世界，创造了人类今天无比灿烂的世界。

大脑又是一个神秘的世界。

正因为它太神秘，人类对它的认识才很少很少。即使是一个有成就的人，当他离开这个世界时，其大脑的潜能也只开发了一点点。

很久很久以前，我就听过阿里巴巴和四十大盗的故事。阿里巴巴学会一句咒语："芝麻，芝麻，开开门。"于是，他便打开了四十大盗堆满珠宝的宝库。我时常在想，用什么办法可以打开"大脑"这个神奇而神秘的宝库呢？

在新的一年到来的时候，知心姐姐陪你一起，敲开"大脑"的大门，唤醒沉睡的"大脑"，挖掘你特有的潜质和能力，使你成为一个注意力、想象力、学习能力、创造能力都很强的人，你看怎样？

从本节开始，就请你参加"脑呼吸"的训练，教你学会使用大脑。

"脑呼吸"训练，是由韩国李承宪博士研发出来的。李博士是一位国际著名的大脑开发专家，多年来，他一直从事大脑潜能开发的研究工作。去年我主编了他的专著，发现他的研究成果很有价值。下面介绍一种办法给你：

专心。

许多同学常常为自己学习“不专心”而烦恼。“上课走神、做作业精力不能集中”，这样的评语常常出现在我的评语本上，唉，我该怎么办？

你可以做三件事：

一、天天对自己说：“我是大脑的主人。”就像你训练马和狗的时候，告诉它们谁是它们的主人一样，对自己的大脑也要明确地告诉它：“我才是你的主人。”这样你才会摆脱大脑的奴役，不受大脑不良信号的影响，产生信息调节的能力。

二、找到自己最能集中精神干的事，然后尽全力投入其中，心中不停地鼓励自己：“瞧我多么专心！”从中体会指挥大脑集中精神做事的快感，在学习时尽量去寻找这种感觉。

三、3 秒钟“脑呼吸”。

你感到焦躁和不安时，大脑就处于 β 波状态，这个时候人很难集中精神，思考能力很弱；大脑波处于安定的 α 波状态的时候，集中力和记忆才能处于最佳状态。所以当你身体疲惫不能专心的时候，可以放下书本调整呼吸，听听舒缓的音乐或通过想象一些快乐的事情来使脑波恢复到 α 波状态。

现在我向你介绍“3 秒钟脑呼吸”方法：

★ 说“脑”，同时呼气 3 秒钟；

★ 说“呼”，同时呼气 3 秒钟；

★ 闭上嘴，用鼻子深呼吸。

呼气的时候想象体内污浊的气体都从手脚及体内其他各个部位散发出去，吸气的时候想象外部空气中的清新氧气都被吸入身体中来。这样进行三四次，被吸入体内的氧气会大量增加，二氧化碳被尽量地呼出，血液循环会更加通畅，大脑恢复到 α 波状态，集中力增加，精神也感到安定。

你试试看，并记下你的体会。

父母的微笑是孩子的太阳

孩子学习不专心，是父母最头疼的事。有的父母甚至怀疑孩子患了“多动症”。

解决这个问题，有一个最简单的方法：让孩子尽情地玩。脑呼吸训练中发现，孩子在尽情玩耍的时候，可以唤醒大脑全部的知觉，激活脑细胞的信息交流，清除大脑中不良的信息，使大脑机能统一，玩耍可以改善孩子缺乏耐心、做事散漫、不专心等问题，缓解和父母抵触的情绪。

与其逼迫孩子学习，还不如好好研究一下怎样才能使学习变成孩子有趣的游戏。如果一听到“学习”两个字就头疼的话，根本不可能专心学习，更不可能有什么学习效率。

有人做了一项心理学研究发现，人对做某件事情感到厌烦的时候，如果抱着“只做 5 分钟”这种想法来做的话，厌烦的情绪会减半，工作和学习效率也会提高。

所以，如果你的孩子不喜欢学习，与其强迫他硬着头皮坐在书桌前，不如对他说“学习 5 分钟就可以”。5 分钟虽然是很短的时间，但是精力集中的 5 分钟所带来的效果也是可观的。

所有的事情都是这个道理，让孩子学习好，就要先让他和学习亲近起来，觉得学习很有意思才行。充分利用想象力，学习也会变成一件很有趣和快乐的事情。

有个五年级的男孩，非常讨厌数学，其他科目都在 90 分以上，唯独数学从来没超过 70 分。他每天去数学训练班，成绩还是提不高。后来他参加了脑呼吸想象训练。教练在他调整好呼吸、身心处于放松状态之后，让他想象一下数学课本，问他数学课本在他脑海里是什么样子。不到3秒钟，这个孩子就回答说："数学课本死了。"他想象把课本从书包里掏出来，扔进了游泳池。

教练马上让他想象把课本捞上来，吹干，然后让他把数学课本和电脑游戏放在一起想象。函数和比率分别登场，教练问他谁赢了。孩子反映很兴奋，一会说"函数赢了"，一会儿又说"比率赢了"。随着时间的推移，这个孩子和数学课本变得亲近起来。数学对他来说，从一个冤家仇敌，变成了和他一起玩电脑游戏的朋友。这样一来，他学习数学的态度有了变化，不但消除对数学的憎恶，还在心理上得到安托，成绩很快上升到80分以上。

让孩子尽情地说，是开发孩子大脑的重要途径。

朋友的名片

姓名：专心

特征：做事能集中精力，不受外界干扰；学习起来兴致勃勃，像玩一样快乐。

口头禅：我是大脑的主人！

快乐人生的第二十三个朋友——冥想

冥想，能唤醒沉睡的大脑

日本有个小男孩求爷爷给他买一辆自行车，爷爷没给他买，而是让他想："自行车什么样？"

过了两天，男孩向爷爷描述了自行车的样子，尽管他讲得十分仔细，爷爷还是没给他买。让他接着想："骑上自行车有什么感觉？"

孩子又想了好几天，向爷爷描述了他骑上车怕摔下来，颤颤巍巍的样子；尽管他讲得像真的一样，爷爷仍然没给他买："再想，骑车跑起来什么样？"

男孩子脑子里出现他骑车飞奔的形象，那么自由，那么痛快……"爷爷，我想好了！"

尽管他讲得活灵活现，爷爷仍旧没给他买，让他接着想。

男孩子朝思暮想，讲起骑车就像一个老手。就在这时，爷爷给他买了一辆自行车，颜色、样子和男孩描述的一样。

没想到，男孩接过车，上去就会骑，骑姿还很美！

这个男孩长大成了名医。

原来，他的爷爷是日本著名中医。他十分注意从小开发孙子大脑潜在的能力，通过“冥想”，不仅让孙子学会了骑车，还学会中医按摩。

“冥想”本来是印度瑜伽功的一种修炼方法，70年代中期，哈佛大学医学院副教授宾逊将它加以科学地简化，使本来带有神秘色彩的超觉冥想，变得简单易行。

具体做法是：

一、在安静的房间内，盘腿坐好。

二、闭上眼睛。

三、尽量放松肌肉。先从脚部开始，由下而上，一直放松到头部。

四、用鼻子呼吸，并使自己感受到空气从鼻孔出入。每次呼气时心中默数“一”。二十分钟后，自动停止。时间可以估计，但切记不用闹钟，停止后合上眼睛休息一两分钟。

五、每天练习一两次，但练习时间要在饭后两小时。

应用“冥想”时要注意，当你想布置房间时，首先要在右脑中描绘出新布局的形象，而不是用语言去思考；如果你想学打乒乓球，通过看书，再去实践很困难；但只要看一眼示范，再在脑海中构成形象，指导动作，就很容易掌握。

大科学家爱因斯坦说：“我思考问题时不使用语言，而是靠生动有形的形象去进行。当这些形象形成一个完整的整体时，我再去花费颇多的努力去表达它。”

在这方面，我也有一点点体会。我每次给小朋友和家长们讲故事，从来不拿稿，而是看大脑出现的一幅幅图画，然后再描述这些图画，这样用不着死记硬背，就能够连贯生动地讲出故事的情节，别人听着轻松，如身临其境，自己也不累，好像故地重游。

“冥想”，其实就是和大脑对话。如果每天能坚持闭目冥想3～5分钟，感到大脑中有图像出来，说明有效果了。慢慢地，沉睡的大脑就会被你唤醒。

问问你的大脑

“爸爸，这道题怎么解？”“这个怎么写？”

“妈妈，盘子在哪里呀？”“我的裙子呢？”

生活中，孩子常常向你提出各种各样的问题，作为父母，你是怎么回答的呢？

有的父母会直接告诉孩子答案，孩子得到答案很满足，可遇到问题，他又会跑过来问你。

有的父母却不着急回答，而是向孩子提问。

比如，孩子拿着相框走过来让你帮忙挂在墙上，你会怎么做呢？是不是立即帮他挂上去呢？这样做虽然简单，却失去一个开发孩子大脑的机会，如果你开始和孩子对话，效果就不一样了。

“是呀，相框挂在哪儿好呢？”“想象一下相框上还需要什么呢？”“用铁丝挂还是用绳子挂呢？”如果没有铁丝或者绳子的话，不妨让孩子自己去买。先向他提出问题，然后让他自己去解决，这样就能培养孩子的思考能力。

如果你周日带孩子去超市买东西，你可以让孩子仔细观察货架上放置的各种商品的位置，为什么有的东西放得近，有的放得远？然后再问孩子：“如果你是主人的话，你会怎样摆设？”听听孩子的想法，问他为什么这么想？这样做能培养孩子不任意乱放东西并且主动思考的能力。

开发孩子大脑的潜能，父母和孩子对话尤为重要。当孩子带着问题来到你的面前，不要着急为他解决问题，而是要经常对他说“问问你的大脑”，不要忘了给他自己思考的时间。

一个人没有处理信息的大脑，什么事都做不成。那种只是一味听话，大人说什么做什么的孩子常常缺少创造力。经常和自己大脑对话的孩子比起其他孩子，具有更强的独立性和创造性，因为他不依赖别人的立场和思考方法，完全以自己的方式看、听、思考、感觉和判断。

朋友的名片

姓名：冥想

特征：经常和大脑像朋友一样亲密无间，经常闭目和它说话交流。

口头禅：大脑，你好吗？我准备……你能帮我吗？

快乐人生的第二十四个朋友——创新

提问是创新的开始

前不久，我收到新疆一位小学生来信，信是这样写的：

亲爱的知心姐姐：

您好，很高兴给您写信。我叫杨静远，家住新疆库尔勒铁路旁，就读于库尔勒市第七小学六（5）班，是您忠实的读者。

大概是2001年1月的火车脱轨事件使我老爸忙了整整三天。晚上，爸爸夜不归宿，我心里很不好受。所以，我想发明一种能观察铁路轨距变化的东西，如果铁路轨距上出问题，它就能及时发出信号，铁路工作人员知道后，就会防止掉道事故发生。于是，我向老爸提出了建议。老爸听了直叫好。于是，我们说干就干。现在，我们已经完成，只不过无法献给国家，所以，我和爸爸想找您帮忙，帮帮我们，好吗？知心姐姐。

此致

敬礼

小学生杨静远敬上

读了杨静远同学的信，我非常感动。从杨静远和他爸爸的创新发明中，我看到了两颗闪闪发光的爱国心。

一场车祸发生后，人们往往关注的是事故本身，而杨静远却提出了怎样让事故不再发生？正是这强烈的爱国心，启动了他大脑的思维，从而产生了创新的动力。终于，他和爸爸发明创造了“铁路钢轨轨距变化报警系统”。

创新往往是为改变现状而产生的奇思妙想。为把生活中的不方便变为方便，向人们司空见惯的事情提出问题。

瓦特是200多年前英国的大发明家。童年时代的瓦特特别爱观察、思考。一天，小瓦特在厨房里玩，忽然发现炉子上的一壶水开了，壶盖在跳动，他问奶奶：“壶盖为什么会跳动？”奶奶也说不清。

带着这个疑问，瓦特长大了。经过长期研究发现，水壶的水被烧到100℃以后，会从液态变成气态的水蒸气。水变成水蒸气后，体积会成倍增加，产生极大的向外扩张的力，这样就把壶盖顶起来了。

瓦特突发奇想，水蒸气能够产生这么大的力量，能不能用这种力量推动机器工作呢？这种为人类造福的动力，使瓦特终于完成了对纽科门蒸汽机的三次技术革新，使蒸汽机的效率大大提高，应用范围更广。后人把瓦特蒸汽机的问世作为英国工业革命开始的标志。人们为了纪念瓦特的发明创造，还用“瓦特”作为计算功率的一种单位。

从中国大百科出版社最新出版的《中国儿童好问题百科全书》中，你可以读到许多像《瓦特问：壶盖为什么会跳动》这样好看的故事。书中许多好问题，还是中国少年报小读者提出来的呢！

这套书的序言，用的是诺贝尔奖获得者李政道博士的求学格言：“求学问，需学问；只学答，非学问。”只有好学又好问的人，才会真正有学问。

像杨静远这样会提问又会动手的孩子，将来一定会成为瓦特那样伟大的发明家、科学家。

我们中华民族，不能只满足中国制造，我们要中国创造。创造从哪来？从创新的思维与实践来。爱心是创新的源泉，提问是创新的开始。每一个拥有爱心又善于提问、勇于实践的孩子都有可能成为科学的巨人！

爱心是创新的源泉

一个小学生为什么能做出这么了不起的事呢？

我在收到杨静远同学短信的同时，收到了他爸爸杨少辉写来的长信。信中介绍说，他是新疆库尔勒市火车站铁路电务政的调度员，铁道信号工程师。

2001 年 1 月 8 日，铁道部乌鲁木齐铁路局南疆铁路上的新光车站至下新光车间之间的一个山洞里，一列旅客列车因洞内钢轨轨距变化而掉道了。虽然没有人员伤亡，但损失是巨大的。

事故发生后，杨少辉回家将这次事故告诉了只有 7 岁的儿子杨静远。同时还给他讲了“最后一把闸”的故事，那是发生在我国 90 年代的一个真实故事。一位司机叔叔驾驶着一列旅客列车在我国山洪泛滥的季节里远行。突然，他发现前方的一座桥已被洪水冲走，司机叔叔撂下了他人生中的最后一把闸。列车后部的车厢保住了，而司机叔叔连同他拉的前四节车厢却冲进了洪水之中。

杨静远听完之后，很着急，告诉爸爸很多的解决方法，如用水泥把铁路固定住、派人看着、让机器人守着，等等。

父亲根据儿子的提议，对儿子提出的方法进行筛选，最后选定了一种花钱很少，而且能将铁路轨距同洪水、地震、人为破坏等因素造成轨距发生变化的险情及时报告给铁路工作人员，以达到防止事故发生的方法。这项发明的名字叫“铁路钢轨轨迹变化报警系统”。经过五年的实验，这个项目已经由利用微波技术演变为最简单的机械检查，将故障信息在不到一秒钟报告给铁路工作人员，以达到预防因铁路钢轨轨距变化造成车毁人亡以及掉道事故的发生。

杨少辉在信中说："我们的要求很简单，如果祖国需要，我们尊重孩子的意见，无偿将这项发明贡献给国家，国家仅帮助我们申请一下专利和交纳专利保护费，这样就可以尽快为祖国人民服务。"

读了杨少辉的信，我明白了一个小学生能创新的动力还是来自一颗火热的爱国心，而这份爱心正是他力量的源泉。这位父亲十分爱护一个 7 岁孩子的爱心，十分看重孩子的创造发明，而且自己亲自试验，帮助孩子实现了梦想，这种爱孩子的方法是难能可贵的！

发明大王爱迪生能有如此辉煌的发明成果，正是因为有一位充满爱心的母亲，杨静远能够有这么重要发明，也是因为有一位充满爱心的父亲。

爱心，正是创新的源泉！

朋友的名片

姓名：创新

特征：遇事爱问为什么？脑子里常有突发奇想，行动上总是要改变现实。

口头禅：为什么会是这样，而不是那样？

第六课

认识你自己

很多人都不能正确地认识自己。有的人觉得自己天资聪颖，能力非凡，只是没有伯乐来发现自己，因此怨天尤人；有的人觉得自己才高八斗，现在的工作完全是屈才，因此愤世嫉俗、玩世不恭。

一个人如果能客观地看待自己，正视自己的优点和缺点，才能在光怪陆离的多彩世界中不迷失自己，进而才能尊重自己，相信自己，知道自己的价值，并坦然面对一切困难和挫折。

快乐人生的第二十五个朋友——自尊

追星别丢了自己

你可能听说了一件事：兰州一个追星女杨丽娟，从16岁开始喜欢上歌星刘德华，为了追星，她荒废了学业、职业，先后两次去香港，三次去北京找刘德华，逼得家中变卖了房产，还借款赴港。2007年3月26日凌晨，她68岁的父亲杨勤冀，因不满刘德华在生日会上只与女儿拍照，没有好好聊天，丢下妻子和女儿，在香港尖沙咀天星码头跳海自杀。这惨痛的结局让众人叹息。

我相信每一个有头脑的人都不会干这种傻事。但是，“追星”在少年朋友中是十分普遍的。明星，是人们崇拜和追逐的偶像。我特别能理解今天孩子们的偶像崇拜，因为小时候我也追过星，但我知道追星是要花费精力的,也需要大量感情的投入。当我们热衷“追星”的时候，就不能不冷静地思考：我是谁的Fans？究竟我为什么要追这颗星？我该怎样追才有利于自己的成长？我是不是值得为一颗星而错过了满天星斗？

很多同学喜欢周杰伦，一位中学老师采访了本校周杰伦最忠实的Fans：

问:“为什么你们都喜欢周杰伦呢？”

“因为他的歌好听，很有动感，人又长得帅，很另类，又会作词作曲。”

“因为他酷，有魅力，歌好听，给人一种朦胧的感觉！”

“因为他的歌有个性，他唱得很投入，我喜欢。”

除周杰伦外，当然还有其他一些明星，如刘德华、林俊杰、孙燕姿、谢霆锋……不难看出，同学们喜欢明星、崇拜明星的原因无非是这么几个：男的长得帅，女的长得靓；歌曲唱出黯淡或明媚的故事，有的顽皮，有的深情，有的神奇；有个性，很另类……

我觉得，成长时期的少年以充满青春与活力的影视明星为自己的偶像无可厚非。但是，追星要失去了自我就不划算了，如果达到狂热甚至走火入魔的地步就更错误了。

2003 年 6 月 21 日，大连一名 16 岁少女在家中自杀，起因是母亲说张国荣“变态”，并且没有给她买张国荣的 CD。这名少女生前曾是父母和老师的骄傲，不但学习成绩优秀，还能讲一口流利英语，擅长演讲，喜欢弹奏电子琴。

面对女儿灿烂如花的照片，妈妈满脸泪水，她哭诉：“我对她这么好，她为什么会为张国荣去死？

“6 月 21 日中午，我带孩子去超市。在音像专柜前，孩子看到张国荣的 CD 碟非要买。我想她马上要考试了，就没买，她非常生气。回家后拿了钥匙，说去姥姥家，摔门就走了。不久姥爷打电话告诉我孩子在暖气管上吊死了，我都傻了，到现在我都接受不了。

“孩子高兴时就放张国荣的 VCD 让我看，没想到她陷得那么深。最近要我给她买白衣服穿，不断换发型，我现在才明白原来都是因为学张国荣。

“她日记里说 10 年后到香港找张国荣的墓碑，去看他。笔记本上写满了张国荣的名字。

“眼看还有四年孩子就上大学了，她却突然离我们而去。我多希望这样的悲剧不要在别的家庭重演。”

然而这几年，这类的悲剧一再上演：

2002 年，浙江温州一名 17 岁的初中生因为没亲眼见到赵薇，服毒自尽；四川一位 13 岁的女孩在连看 8 遍《流星花园》后，独自离家出走，下落不明；还有 4 位黎明的影迷，因不满自己心中的偶像与舒淇交往，竟扬言要结束黎明的生命……

看到这样的消息，我真是心痛。

我真想问问同学们，为一个明星去死，值得吗？夜晚，抬头仰望灿烂的星空，你会发现有多少星星在闪烁，你怎么能让一颗星遮住你明亮的双眼？又怎能因一颗星的陨落而毁灭了自己！

面对追星，请记住：清醒永远比狂热重要。

仔细想想，跟在明星后边追半天，你自己还是你自己，人本来就是一个独立个体，只能成为最好的自己，而不能成为别人的第二。

“追星”先要看懂“星”的精神实质。你可以为你所爱的明星鼓掌喝彩，分享人家的成功，但这种成功永远都不是你的，成功要靠自己。挖掘你的潜能，发挥你的特长。

面对追星的潮流，你的头脑一定要清醒，不要盲目地随波逐流。“走对路才能有出路”。请记住三个“尊”：尊重你自己，追星别丢了自己；尊重别人，别去干让明星难堪的事；保持尊严，对自己的行为负责。

我期盼在那璀璨的星空中，你是一颗同样明亮、能给世界带来光明的星。

父母应如何看待孩子追星

女儿狂热追星，母亲推波助澜，父亲跳海自杀，这样的做法是爱子，还是害子？

在知心姐姐网，很多人都在讨论这个事件，许多网友说，这是父母的悲哀，家庭教育的失败，他们太溺爱孩子了，这女孩真傻。

崇拜偶像并没有错。一代人有一代人的偶像，一代人有一代人心中的英雄。

问题是，人在崇拜偶像的时候，不能丢失了自己。因为每一个人都像天上的一颗星，有自己的位置，有自己的潜质，有自己的作用。作为父母有责任帮助追星孩子找到自己的位置，发挥自己的潜能。

我曾经见到一个体形很美的女孩，我问她的妈妈，你是怎样培养你的女儿的？这位妈妈告诉我：

每当女儿看电视时看到一个女明星，总会羡慕地说："妈妈，你看她多美！"我就会自豪地对女儿说，我相信我的女儿比她更美。我送她去舞蹈班学习，我让她练形体，一抬头一挺胸就美。经过训练，女儿充满自信，成为品学兼优、充满自信的女孩。

我大受启发！这位妈妈多有智慧，她没有让明星耀眼的光亮使孩子成为盲女，而是让孩子在崇拜明星的同时，发现自己身上也有明星的光彩！这种自信和自尊，实际上是人类美的真正源泉。

人人都可以成为星。

中央电视台2005年春节联欢晚会上，出现了令所有人屏息凝视的一幕——敦煌彩塑中的千手观音。人们牢牢记住了21个创造惊人之美的聋哑演员，尤其是秀美沉静的第一尊观音——邰丽华。

邰丽华出生在湖北宜昌，两岁时因高烧而聋哑。7岁那年，邰丽华走进了聋哑学校。在这里，一堂律动课改变了她的一生。那天，老师踏响了木板上的象脚鼓，把震动传给站在地板上的学生，让他们知道什么是节奏。邰丽华匍匐在地板上，她指着自己的胸口"告诉"老师："我喜欢！"邰丽华突然发现，有一种语言是属于她的，那就是节奏。

15岁时，邰丽华正式学习舞蹈，对一个专业演员来说，这个年纪算大了，由于骨骼韧带已经成型，每一次劈叉、抬腿都要付出痛苦和艰辛。然而对舞蹈的热爱和痴迷支撑着她。邰丽华十分崇拜舞蹈家杨丽萍并酷爱她跳的《雀之灵》。

完整地跳完《雀之灵》一共需要8分钟，分解动作的话，一共是1000多个8拍动作。开始时，邰丽华根据老师的拍子跳，第一个8拍是这样的动作，下一个8拍又是另外的动作；她觉得很累，甚至有些绝望，那么多8拍，怎么记得住呢？于是她改变方法，把不同的动作归到不同序列的8拍，先记前10个、再记10个、又记10个……

在《雀之灵》舞蹈中，高难度的旋转动作，她要重复上千次，有时累得昏倒在地上……可她不敢有丝毫的松懈。她在心里对自己大喊：你要争气！

一天，她练舞的情形被著名编导张继钢先生看见了，非常感动，便打电话给著名舞蹈家杨丽萍，说有一个聋哑姑娘，特别喜欢她的孔雀舞，请她看一看。杨丽萍当时说："看看可以，但我不会教跳的。"来到艺术团，邰丽华给杨丽萍跳了一遍《雀之灵》。杨丽萍惊讶地说："假如把我的耳朵捂住，我无法想象自己能够完成《雀之灵》。"杨丽萍当即脱掉鞋子，全身心地指点起邰丽华跳《雀之灵》的每一个动作。

执着加上天赋，使邰丽华很快脱颖而出。她经常随中国残疾人艺术团出国演出，多次获得各种奖项。她和伙伴合作的《千手观音》在雅典残奥会上震惊了世界，随后又来到了春节联欢晚会的舞台上。

一个舞蹈演员的艺术生命是有限的，邰丽华说，自己已经28岁了，如果身体允许，她就再跳几年，如果身体不允许，她将把自己所会的东西都毫无保留地教授给那些和她一样的聋哑孩子。对邰丽华来说，人生就是一段跳不完的舞，不懈的努力就是一个个跳动的音符。

同样是靓女，同样在追星，为什么追逐张国荣的女孩变成了冤魂，而崇拜杨丽萍的女孩却成为舞台上耀眼的明星？

我看有两个不一样：一是追星的目的不一样，前者是痴迷，并因此盲目地迷失自我；后者也是痴迷，却清醒地成就自我。二是追求的内容不一样，前者追发型、衣着、星座，而忘记了根本——明星的成功之道；后者追品德、艺术、成就，最终学艺到手。

爱孩子是不能迁就孩子，而要引导孩子。

朋友的名片

姓名：自尊

特征：知道自己的价值，尊重自己的人格，看得起自己，善于向别人学习，但不丢掉自己。

口头禅：做最好的自己。

快乐人生的第二十六个朋友——阅读

笼中鸟怎样飞向蓝天？

前几天，我收到张振宇同学的来信。信是这样写的：

知心姐姐：

您好！

13岁的我是一个笼中鸟，“主人”高兴就给点吃的，“主人”生气皮肉就要倒霉，你说我家是地狱吗？

我就是老实，家长打我就忍，老师骂我就忍，同学说我就忍……千千万万个忍，构成一句话：忍一时风平浪静，退一步海阔天空。

我悲伤地走在大街上。迎面走来一个陌生人，问我：“哥们儿，是不是心情不好？走，我带你去个好地方。”说着他就拉我走了。我跟着他到了一个小屋，小屋很隐蔽。进去一看，里面有十多台电脑。我认出这就是网吧，我刚想走，老板说：“今天不要钱，我看你心情不好，玩玩就高兴了。”我一看表，才下午一点半。玩半个小时，放松一下吧，反正周末也没事。于是，我打开电脑玩起来。

我越玩越想玩，半个小时……一个小时……两个小时……三个小时……四个小时。我一看表，啊？5点半了！我只好恋恋不舍地离开电脑，临走时，老板说下回再来啊。从此，有第一次便有第二次、第三次……每个周末，我都是中午12点就出门，6点多才回家。玩得我一上课就想逃课，成绩从原来的前10名落到35名，视力也从原来1.5下降到0.8……一开始，妈妈以为我到学习成绩全校第5的小岳家去了，后来邻居发现了我去网吧，告诉了妈妈。

有一次，在网吧里，我正和别人“杀”得起劲，忽然一个熟悉的身影慢慢地接近。定神一看，是妈妈！从她的眼神可以看出，“第三次世界大战”就要爆发！当时妈妈就给了我一记耳光，大“吼”一声：“你给我滚回家！”于是我带着“五指扇”回家了。回到家就是一顿家庭暴力。再一看我，都成“国宝熊猫”了，身上青的青，紫的紫。第二天，我忍着疼痛到了学校，同学问我是不是出车祸了，我当时真是哭笑不得。

俗话说“好了伤疤忘了疼”，一点也不假，我又开始去网吧了。但这回我长心眼了，专门去那些离我家很远而且很隐蔽的地方。可是防不胜防，网吧旁边的一个小区里竟然住着妈妈的朋友。我又一次被妈妈逮了个正着。我心情不好，在网吧里，我推开妈妈就跑回了家。趁妈妈还没回家，我随手拿起30多元钱就走，临走时在我桌上写了“珍重”两字。

我去了书店，书店老板向我推荐了一本书——《告诉世界我能行！》，说这本书挺好。于是我就买了下来。我用了两天，把书看完了。我忽然发现，书的作者——知心姐姐您就是我的知音！写这信时，我对自己以前的行为万分后悔。我想问问您，好好学习的方法是什么？

希望知心姐姐能给我回信。

张振宇

张振宇同学的来信，我看了好几遍，很感动，他那么信任知心姐姐。他字迹工整，语言幽默，将来一定能当作家。

最让我兴奋的是，这只可怜的“笼中鸟”，自己已经找到了飞向蓝天、寻找自由的出口，那就是阅读。

莎士比亚说：“生活里没有书籍，就好像没有阳光。”一个人不读书，眼界就十分窄小，心灵的世界就像一个笼子，飞出笼子最好的办法就是阅读。

书籍是你最好的朋友，书中有广阔的天地，书中有无穷的智慧。如果你觉得自己很烦，心里很闷，就去找本好书看吧，它将陪伴你展开翅膀飞向蓝天。

张振宇同学希望找到学习的好方法，你愿意帮帮他吗？

读书与和谐

4月23日是世界读书日。

书，是有灵性的，它会让人和谐。

正像英国作家吉伯特·海埃特所描述的：“排列在书架上的，并不是一页页无生命的白纸构成的书本，而是一颗颗跳跃的心灵，从每一本书中发出它的声音。仿佛就像按下一个电唱机的按钮，便可以使房间里充满音乐一样；一个人只要打开书本，就可以跨越空间和时间的限制，聆听到智慧的箴言，并和智者促膝谈心。”

如果您想让孩子有情感，您就鼓动他去读好书吧！书中感人的故事，会告诉孩子：今天你种下体贴，明天你将收获温馨。读书吧，书中神奇的故事，会告诉孩子：今天你种下梦想，明天你将收获奇迹。

如果您想让孩子有耐力，您就鼓动孩子去读书吧！书中成功人士的经历，会告诉孩子：今天你种下坚持，明天你将收获胜利。

如果您想让孩子有勇气，您就鼓动孩子去读书吧！书中勇敢者经受的磨难，会告诉孩子：今天你种下胆量，明天你将收获彩虹。

如果您想让孩子有智慧，您就鼓动孩子去读书吧！书中小故事里的大智慧，会告诉孩子：今天你种下宽恕，明天你将收获和解。

如果您想让孩子有礼貌，您就鼓动孩子去读书吧！书中高尚人成功的事例，会告诉孩子：今天你种下文明，明天你将收获高贵。

如果您想让孩子有朋友，您就鼓动孩子去读书吧！书中交友的经验，会告诉孩子：今天你种下善意，明天将收获友情。

如果您想让孩子有素质，您就鼓动孩子去读书吧！书中那些高素质的人，会告诉孩子：今天你种下习惯，明天你将收获命运。

朋友的名片

姓名：阅读

特征：给你财富，但它不要任何回报；给你智慧，但它却默默无闻。

口头禅：我是你的朋友。

快乐人生的第二十七个朋友——自爱

自爱才能被爱

你还记得杨阳吗？

我在“知心大本营”给大家讲述过杨阳的故事。

杨阳是一个有父母但是没有家的男孩。他两岁时，因父亲赌博，母亲离开了家。16岁那年杨阳曾孤身一人千里寻母，而母亲却不认他，从此他开始了流浪的生活。他曾经迷失过，彷徨过，但他始终坚持一个信念，绝不做坏事。夜晚，他跪在冰冷的地上哭泣，可当太阳升起时，他会扬起笑脸迎接太阳。他患有严重的心脏病，一天昏倒在北京街头，北京同仁医院急诊科主任付研阿姨抢救了他的生命。但付研阿姨说杨阳的心脏病很严重，随时都有生命危险。

2006年11月6日，杨阳走进了北京电视台“知心家庭·谁在说”的演播室。杨阳自爱的精神深深感动了我和在场每一位观众。我当时表示，如果杨阳的心脏病可以医治，那么医药费由我来解决。

节目播出时，许多热心观众打来电话想帮助杨阳。中央电视台青少中心林布谷和北京四中的教师都把电话打到我家，都表示要捐钱为杨阳治病。2006年11月10日，“知心姐姐”工作部在中国少年儿童新闻出版总社多功能厅举行了“热心观众与杨阳面对面”的活动。

那天的场面十分感人。80多岁的老奶奶来了，20多岁的大学生来了，几位“义务妈妈”也来了……我和大家一起共捐出了近3万元钱，当即送到同仁医院作为杨阳的手术费。

3天后，杨阳被送进手术室，手术进行得很成功。在杨阳住院期间，很多素不相识的好心人，带着营养品来看杨阳，整个病房里充满了爱心。几位“爱心妈妈”精心准备了饭菜，轮班照顾杨阳。

杨阳被大家的爱心深深感动，他知道，一个人只有自爱才能得到别人的爱。手术后没几天，当杨阳听说一个叛逆的少年想自暴自弃，很需要他的帮助时，他拖着虚弱的身体再次走进“知心家庭·谁在说”的演播室，在现场用自身的感受，鼓励这个迷途的少年振奋起来，找回自己。杨阳说：“我得到了救助，我又活过来了，生活又是崭新的一天，我要感谢大家，感谢那些善良的人，那些帮助我的人，那些不放弃我的人，让我感到这个社会是温暖的，可爱的。”

杨阳康复出院后，有一位阿姨把杨阳接回了自己的家，杨阳管她叫妈妈。

2007年春节，我和杨阳一起参加了央视举办的“爱心盛典”，杨阳的三个“妈妈”也来到现场，大家讲了同一句话：“像杨阳这样自爱的孩子我们就得帮！”著名节目主持人李湘在晚会后资助杨阳上了大学，并每月给他生活费。

2007年，杨阳做了一件大事——演话剧。2007年是中国话剧百年，为纪念这个百年盛事，中少总社的“知心姐姐”影视部排演了一个话剧——《美丽世界的孤儿》，这是一部以杨阳和真实流浪儿童故事为主要内容的话剧，杨阳担任主演。

剧中的杨阳最后有一段内心的独白：“冬天过后就是春天，大雨过后就会有彩虹，这就是希望。希望和我一样经历的孩子，尽快找到属于你自己的那一方天空；希望享受幸福的孩子，永远都不要去流浪；希望所有帮助过流浪儿童的人，继续伸出你的双手，去温暖那一颗颗即将变冷和已经冻僵的脆弱的心。”

彩排时，看到杨阳活泼可爱的样子，我在想，爱有一种神奇的力量，一个人只有自爱，才肯奉献爱，也才会得到爱。人在认识自己的过程中，千万不要忽视自爱的力量。

美丽世界的“孤儿”

2007 年是中国话剧诞辰 100 周年，为庆祝这一中国话剧界的百年盛事，中国少年儿童新闻出版总社委托“知心姐姐”工作部的影视部编排了话剧《美丽世界的孤儿》，该剧于 5 月 20 日在北京人艺小剧场首演。

这是一部由真实人物演出的真实故事的话剧，本剧根据杨阳等五位流浪儿童真实的故事改编，并由主线人物杨阳真情演出。

这些流浪儿童各有各的不幸。但他们可贵之处在于，他们没有放弃希望，一直在不断地寻找着每个人心中的“天使”。在美丽世界热心人的帮助下，孩子们有了最终的归宿。在扣人心弦的剧情中，在充满感动的音乐里，点亮了每个人的心灯。这台话剧以“报告文学”的方式，真实生动地展示了这群还需社会关注的未成人的身心状态。

2007 年 6 月 1 日起《中华人民共和国未成年人保护法》修订版开始实施。流浪未成年人是社会的弱势群体，他们生活在街头，衣食无着，处境艰难，合法权益难以得到充分保障。他们很容易被犯罪分子利诱和利用，误入歧途，走上违法犯罪的道路，影响社会安全和谐。关注流浪未成年人，保护未成年人的合法权益，是每一个公民的责任。

话剧《美丽世界的孤儿》会给人们一种心灵的震撼。对这些流浪儿童，拉一拉，他们会成为有益社会的“好人”；推一推，则可能会成为有害社会的“坏人”。父母和孩子一起观看，会通过特有的沟通方式，帮助父母和青少年走出误区，加强理解，预防犯罪。

朋友的名片

姓名：自爱

特征：爱干净，衣冠整洁，不说脏话；爱做好事，不干坏事；爱帮助人，不伤害人。

口头禅：我爱我自己。

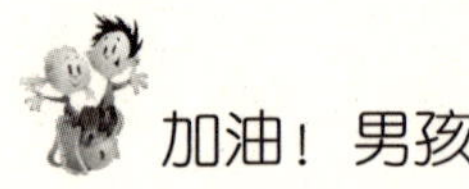

快乐人生的第二十八个朋友——自信

自信能帮你发挥优势

一位著名心理学家曾做过一个调查。他让六种35岁有特殊才能的人，如艺术家、运动员、理论家……共20人回忆自己成长的过程，发现他们成长的原因是那么惊人的相同——自信。

自信是什么？自信就是相信自己能够成功。

人的一生不可能只有坦途与鲜花，有时也会有坎坷与荆棘，自信是每个人走向成功的重要因素，只有与自信做伴，才能战胜所有的困难。成功与否并不取决于我们是谁，而是取决于我们如何看待自己。

这里，我给你讲讲漫画家缪印堂爷爷的故事。

缪印堂爷爷是中国最早的漫画家之一。他画的漫画栩栩如生，寓意深刻。“知心姐姐”工作部曾组织了一次“阅读假日营”，请缪印堂爷爷和小朋友们面对面交谈。小朋友惊奇地发现，这位赫赫有名的大漫画家，竟是一个“没有下巴”的人！

“爷爷的下巴哪去了？”虽然没有一个人发问，但从小朋友好奇的眼神中，缪爷爷知道孩子们心里在问，几十年这样好奇的目光他看多了，于是他就从“下巴”开始，讲起自己的故事。

原来，缪爷爷在10岁之前，也和正常孩子一样，有一张帅气的脸庞，一个端端正正的下巴。10 岁那年，他的口腔不幸患了炎症，由于家里穷，没钱治疗，炎症扩散，下颚溃烂，只好摘除。从此，他成了一个没有“下巴”的孩子。伙伴的嘲笑，路人的歧视一直伴随着他，他悲伤，他痛苦，但是他没有倒下。他发现自己对画画极感兴趣，于是给自己画了幅没有下巴的自画像，很有特色，成了一幅世人称赞的漫画作品。从中他悟出一个人生的道理：人生最大的悲剧与不幸，不在于遇到的挫折有多大，而在于我们不知自己有什么样的能力，应该做什么！当你了解自己，就等于打开了通往成功的大门。

从此，缪爷爷走上了探索漫画的艺术之路。那个时代，人们对漫画还不能接受。缪爷爷不顾别人的白眼与拒绝，锲而不舍地努力，他始终相信自己行，终于闯出中国漫画之路！

今天，当你成为漫画迷时，可千万不要忘记这位“没有下巴”的漫画爷爷呀！

缪爷爷的成功告诉我们：人世间还有什么力量能超过自信的力量呢？自信使你能够感受到自己的能力，其作用是其他任何东西都无法替代的。无论别人对我们评价如何，无论所面临的困难有多艰巨，只要我们相信自己，相信自己的潜能，我们就能有所成就。

在孩子心中埋下自信的种子

有一个小村子叫姜村，这个小村子每年都有几个人考上大学，取得硕士甚至博士学位。所以方圆几十里内的人没有不知道姜村的。久而久之，人们都管那个村子叫“大学村”，纷纷把孩子送到姜村唯一的一所小学读书。

姜村为什么出现这样的奇迹？是姜村的水土好吗？是姜村的父母掌握了教孩子的秘诀吗？还是别的什么？

假如你去问姜村的人，他们也不知道谜底。

在二十多年前，姜村小学调来一个五十多岁的老师，是城里一所大学下放来的教授。据说，这个老师“能掐会算”，他能预测孩子的前程。原因是，有的孩子回家说，老师说我将来能成作家；有的孩子说，老师说我将来能成音乐家；有的孩子说，老师说我将来能成数学家；有的孩子说，老师说我将来能成钱学森那样的人……

不久，家长们又发现，自己的孩子与以前不大一样了，他们变得懂事而好学，好像他们真的是作家、音乐家、数学家的材料了。老师说会成为数学家的孩子，对数学的学习更加刻苦；老师说会成为作家的孩子，语文成绩更加出类拔萃。孩子们不再贪玩，不用家长像以前那样严加管教，孩子们变得十分自觉。因为他们都被灌输了这样的信念：他们的将来都是杰出的人，而有贪玩、不刻苦等毛病的孩子是成不了杰出的人才的。

家长们很纳闷，也将信将疑，莫非孩子真的是大材料，被老师破了天机？就这样过了多年，奇迹发生了。这些孩子到了参加高考的时候，大部分都以优异的成绩考上了大学。

这个老师年龄大了，回了城市，但他把预测的方法教给了接任的老师，接任的老师还在给一级一级的孩子预测着，而且，他们坚守着老师的嘱托：不把这个秘密告诉村里的人们。

其实，这个秘密就是在孩子幼小的心灵中埋下自信的种子，人世间还有什么力量能超过自信的力量呢？

如果你常对孩子说，你不行，你是一个没有出息的孩子，他的自信心就会受到打击，成人之后就会因为缺少自信而成为平庸之辈；如果你善于发现孩子的长处，对他说，你能行，他的潜能就会得到充分的发挥。

如果你想把孩子培养成一个有用的人，那么就在他幼小的心灵中种下自信的种子吧！只有他相信自己是个人才，他才能成为人才。正如一句名言所说：“他能够，是因为他认为自己能够；他不能够，是因为他认为自己不能够。”

朋友的名片

姓名：自信

特征：知道自己的优势是什么，相信自己能行，努力把自己的特长发挥到极致。

口头禅：我能行。

第七课

发挥你自己

人的一生，会遇到各种各样的困难和挫折。只有那些自强不息的人才能在困境中屹立，只有那些坚强不屈的人才能在风雨中不倒。

为了每个人都能幸福快乐地生活，我们一定要热情地把爱传递给别人，热心帮助别人。这样，我们生命的价值才能在奉献中得到提升。

快乐人生的第二十九个朋友——传递

开学，爱在传递

新学期开始了，北京力迈学校的蓝春校长决定，在开学典礼上成立“知心家庭学校”和“爱心社”，并请来知心姐姐给大家做讲座，题目是《爱的传递》。他为什么会做出这样的决定呢？

蓝春校长毕业于清华大学建筑系，曾做过十年建筑师，还办过一所非常成功的学校，对教育很有见地。他说，每个孩子都应该有健全的人格和良好的品德，心中要有爱的种子，于是，就有了这次“爱的传递”。有这样一大批孩子，他们的父母远离家乡去外面打工，建设美丽的城市，长年见不到爸爸妈妈，内心非常孤独。蓝校长希望学校里的孩子们能够去关心和帮助这些同龄人。

“爱的传递”掀开了力迈学校新学期的第一页。家长们都很愿意贡献出一份力量，孩子们也纷纷拿起粉红色的“爱心捐书卡”，要做爱的使者。一位从新加坡归来的妈妈说，她把孩子带回国内读书，就是希望他能记住自己是一个中国人，留住那些美好的道德品质。

力迈学校的这一幕，仅仅是“关爱留守儿童”活动的一个片段。在爱心社的组织下，全国许多地方都进行着这样的“爱的传递”。

山东潍坊的申若琛小朋友今年 7 岁，春节过后开始捡瓶子。家里的饮料喝完了，她留下空瓶子；上学的路上看到易拉罐，也跑上前去捡起来。今年8月，她用卖瓶子的钱，为农村留守儿童捐赠了一百份《中国少年报》。起初，爸爸对女儿捡瓶子的行为不理解，若琛对爸爸说："如果我没有钱读报，别人也来帮助我，那你不是也很高兴吗？"小若琛说，她希望贫困地区的小朋友们都能有书读，这样他们长大后就可以自己建设自己的家乡了。

王小溪今年17岁，学习成绩优异，这学期刚刚获得了一等奖学金。小溪平时很节省，很少给自己买昂贵的衣服、漂亮的鞋子。当她听说农村留守儿童需要队报的时候，毫不犹豫地用奖学金为他们捐赠了一百份。

后来，小溪父亲的一个朋友听说了这件事，马上发动单位的人也参与其中。几天之后，这个单位捐赠了300份全年的《中国少年报》……

爱是一个火炬，当它传递到我们手里时，我们应该让它燃烧得更加旺盛，并传递给下一个人。同学们，让我们都来做一个传播爱的使者！

让留守儿童拥有快乐的童年

"留守儿童"特指那些父母在外地打工，本身留在原籍，长期不能享受父母关爱的农村儿童。这样的儿童，在中国已经成为一个庞大的群体。

据了解，目前我国进城的农民工达1.5亿人，全国农村"留守儿童"规模已近3000万人，而且这个数字还将在未来几年继续呈较大规模的上升趋势。农村"留守儿童"中，84.6%的孩子由爷爷奶奶照看，15.4%由亲戚代管，有少数甚至是独自一人生活。这些孩子没有父母关怀，缺乏心灵的沟通，成为一群孤独的孩子，非常需要全社会关心、爱护他们。

一次，我去四川绵阳，和一群“留守儿童”座谈。这些男孩女孩，长得很可爱，穿得也漂亮，和其他孩子不一样的是他们脸上没有微笑，只有眼泪和悲伤。

“我的爸爸妈妈都出去打工了，好几年没回来了，每天放学回到家，空荡的房子里只有我一个人，我好害怕！”一个男孩哭着说。

“我的爸爸妈妈为什么不回来看我，知心姐姐你帮我把他们找回来吧！”一个女孩眼泪汪汪地求我。

“我一打电话，我爸就说在给我挣钱，我不要钱，我要爸爸！”

我被哭泣声和泪水包围了。

坐在我身边的一个女孩，哭得最伤心：“我的爸爸妈妈五年前去了上海，我每次给他们打电话，让他们回来，我妈都答应，可他们却一直不回来，我好想他们……”

我的心被她打动了，忙问：“你的妈妈叫什么名字？在上海哪个单位上班？你告诉我，我去上海办事时，去找他们，让你妈妈回来看看你。如果你妈妈回来了，你和她说什么？”

“我就要问问，她不是不回来吗？她回来干什么！”女孩的声音大得出奇。那声音像重重的锤敲打在我的心上！

这些企盼父母的孩子开始产生怨恨了。可是他们的父母无罪呀！城市的高楼大厦，哪一座没有他们的汗水，城市的修建公路，哪一条没有他们的辛劳？可他们背井离乡去建设城市的时候，他们的孩子却失去了童年的快乐！

关爱留守儿童，“让爱心照亮不一样的童年”，我们人人有责。

朋友的名片

姓名：传递

特征：他很大方从不吝啬，有了好的东西总想着与别人分享，得到了爱，总会传给别人，于是他很富有，很快乐，因为他拥有长长的爱的链条。

口头禅：我接过爱的火炬，会让它燃烧得更加光明，然后交给下一个人。

快乐人生的第三十个朋友——公益

分享把幸福扩大

2007年6月，我陪同美国“希望之桥”项目代表来到贵州凯里。这里是少数民族聚集地，交通不便，很多人一辈子没走出过大山。我们的第一站是沙嘴村，村子被浓郁的青山绿树包围着，苗家特有的吊脚楼错落有致，看起来别有韵味。大家顺着沙嘴小学的学生平时上学的路往上走，刚下过小雨的泥泞山路窄得只能容下一只脚，路越来越陡，开始还很兴奋的美国孩子有些吃不消了，有的站在那里喘气，有的不顾泥水干脆坐下来歇息。

好不容易到了村子，这个叫“沙嘴村小学”的建筑更让人目瞪口呆，两层破旧的吊脚楼，上下总共两间教室，用一尺宽的木楼梯连接，房顶为了防漏雨铺着一层陈旧的塑料膜。以美国孩子的身高，上下楼和在教室里都得弯腰低头。每间教室里有十几张已经辨不出颜色的课桌，老师正在给三个年级的二十多个学生上课。

“希望之桥”项目向这所学校捐助了图书和《中国少年报》，孩子们拿到了崭新的书报不舍得放下，小心翼翼地翻读着。有一个孩子说这是他第一次看到这么多新书，第一次看《中国少年报》，第一次看到外国人。老师带着孩子们用山里的竹木打制了一个书架，成立了这所学校建校50年来的第一个图书室。

"希望之桥"项目这次还直接捐助了10名特困生，大家来到其中一个名叫张送应的小男孩家里。也是一座二层的吊脚楼，一楼是厨房和猪圈，二楼有两间昏暗的卧室，这个九岁的小男孩只有1米2左右，爸爸外出打工挣钱，妈妈已因病去世。为了给年迈的奶奶减轻点负担，他在放学后喂猪打柴、做家务。一块一尺来宽的木板就是他的"书桌"。正在大家为张送应的处境感到难过时，他却变魔术般拿出一大捧美丽的野百合，含笑脉脉地送给每一位客人，我们的心情一下被这些花儿点亮了！

回程时，美国孩子也很激动。

第一次来中国的乔纳森说："中国学生在学习上的专注和投入给我留下深刻的印象，我会更加努力去募捐。"

李小宝是亚特兰大州的项目主席，他说："世界只有一个，任何一个成员需要，我们都有责任去帮助他。"

跟随项目组一路走来，我看到了很多孩子生活上的贫困，物质上的缺乏。可是我还看到，在希望小学，为他们送上亲手绣的鞋垫时，那些孩子眼睛里的喜悦是幸福；在村头，小学生为他们表演节目时的欢快是幸福；在沙嘴村，少数民族小朋友说着苗语和说英语的客人沟通时的兴奋是幸福；在张送应递过野百合时的那份羞涩也是幸福！离开时，他们手里是满满的礼物，心里是满满的感动和幸福。正如家长代表琼·芬娜蒂说过的："我们开始的是一次付出的旅行，相反，我们却成了收获者。"

中国文化扶贫委员会主任徐惟诚爷爷知道了这件事，激动地挥笔为"希望之桥"题下了："分享使幸福放大，分担使忧愁淡化，传播使知识化为巨大的力量！"

让孩子多些公益心

美籍华人黄丹玲的女儿国瑽聪今年被美国哈佛大学提前录取，理由是她热心从事公益活动，曾获公益总统奖。据黄妈妈说，有个美籍华人的女儿，各门功课都是第一，但什么公益活动也不参加，今年考大学，分数很高，但美国五所最著名的大学都不要她。

美国人如此看重公益心，这是很值得我们研究的。

去年暑假，一个云南捐助项目备受关注。我见证了该项目从发起到实施的全部过程。

云南项目的发起人是美籍华人黄丹玲的女儿国瑽聪。

记得那是一个漆黑的夜晚，黄丹玲从美国打来越洋电话，告诉我她的女儿国瑽聪在美国孟菲斯中学读书，她读了我的书，知道中国农村还有一些渴望读书的贫困孩子，她很想帮助他们，需要我的支持。

像夜空升起了明月，我的眼前一亮："太好了！"我脱口而出。

接着，电话那端传来一个女孩儿甜甜的声音："你书里的故事我看了，很感动。我想发起一个云南援助项目，动员美国人每人少喝一杯咖啡，帮助一个中国贫困孩子阅读，你能帮助我实现这个计划吗？"

"完全可以！我会全力支持你，让你的梦想在中国实现！"此时，我的心盛满了感动和欣慰。没想到，我带领《中国少年报》小记者去中国云南、湖北等贫困地区采访，写出的贫困地区孩子渴望读书的故事，会让生活富裕的海外华人和美国孩子感动，会激发他们的爱心，会让他们发起一个援助项目！

文字有国别，故事无国界。国瑽聪正是用这些真实的中国故事感动了她的美国同学，而她的伙伴又用这些故事感动了自己的父母、亲友和社会上许许多多有爱心的人，点燃了爱的火种。于是，云南项目开始了。

这些不同肤色的中美孩子，为了同一个目标——让更多中国贫困儿童受到良好的教育，团结起来，他们走上街头，走进餐馆，开展募捐活动；这些在家很少劳动的富裕家庭的孩子，走进餐馆当服务员，为的是募捐到更多的钱。他们心中最强烈的愿望是，让蓝天下的孩子都能共同分享阳光，分享快乐！

这些不同经历的父母、老师，自觉加入了孩子的行列；他们不仅赞赏孩子的善举，而且尽其所能，奉献自己的爱心。最令我动心的是，这些孩子的父母、老师，关注的不是孩子考试的成绩，而是孩子心灵的成长，他们评价一个好孩子，首先看他的公益心有多少。

国瑽聪和她的伙伴们真是了不起，他们克服种种困难，凭着爱心和勇气，终于超计划完成了募捐任务，在五月底募集到 13000 美元！

让我难忘的是，我在北京第一次宴请这些美国客人时，每位美国孩子的脸上都挂着微笑，那一双双大眼睛美丽动人。看得出，他们生活的环境都很优越，他们是一群幸福的、快乐的、无忧无虑的孩子。

但是，当他们从云南西双版纳回到北京，我在座谈会上再次见到他们时，他们的脸上没有了微笑，一双双大眼睛里盛满了泪水。他们说，他们见到了从未见到过的情景，他们被云南大山里的孩子深深感动；他们说，自己常把好好一双名牌鞋丢弃，而云南大山里的孩子却光着小脚丫去上学；他们说，自己花起钱来眼睛都不眨一下，可山里的孩子好几个月没有几元钱，每天自己煮饭吃；他们说，他们最难忘的是中国山里孩子脸上的微笑，虽然生活那样贫困，但他们却是那样乐观，那样热爱生活，而自己却常常为一点点小事烦恼……

我流着泪听完了他们的讲述，我看到，和眼前这些孩子分别不到一周，他们却一下子长大了许多，他们的身上多了一份责任，他们眼中多了一个世界，他们心中多了一份牵挂。

正如一位参加云南项目的学生的母亲所言："我的孩子经历了一次心灵的成长、了解与关爱的旅行。她带回了一颗她拥有的、可以给他人希望并且可以让世界变得美好的同情心。"

助人永远都是快乐的，予人玫瑰，手有余香。帮助别人，实际是在帮助自己。你给了他物质的帮助，他给了你精神享受；你给了他一个梦想，他给了你一个希望。让我们的孩子多些公益心吧！

朋友的名片

姓名：公益

特征：他很热心帮助别人，他以尽自己的力量做好事而感到快乐，他生命的价值在奉献中得到提升。

口头禅：我付出，我快乐！

快乐人生的第三十一个朋友——坚强

你行，我也行

在 2007 年上海特奥会上，传出一个动人心弦的口号：你行，我也行！

在全国两千多万的农村留守儿童中，一个叫吴苹的小姑娘也喊出了这样的口号。在父母长年外出打工的日子里，吴苹不仅担起家庭的重担，还组织了“留守子女我能行”俱乐部，帮助留守的伙伴走出孤独，自立自强。

吴苹的家在河南大别山区——信阳平桥区五里镇（原九龙乡），她是顾店小学的大队长。九岁那年，父母离开家乡外出打工，家里的重担一下子全部落在吴苹身上。每天，她要照顾年幼的弟弟，又要照顾年迈多病的奶奶。

“姐，我要爸妈！”弟弟哭着喊。

“不哭！好弟弟，爸妈外出给咱们挣钱去了！”

每当弟弟哭着找爸妈时，吴苹总是强忍着泪开导弟弟，九岁的她，也想爸妈呀！

吴苹的奶奶有严重的哮喘病。冬天，奶奶的病时常发作，翻身都很困难。白天她照顾奶奶吃药、打针，尽量做可口的饭菜给奶奶吃；

夜晚，她睡在奶奶身边，半夜帮奶奶翻身、捶背，送水拿药，端屎端尿。

一天夜里，奶奶突然窒息，村诊所的电话怎么也打不通。吴苹让弟弟照顾奶奶，自己迎着寒风出去找邻居。在邻居的帮助下请来医生，奶奶才转危为安。

留守的日子，让吴苹体验到昔日父母的艰辛和不易，她变得更加坚强。慢慢地，她的本事越来越大，现在能单独做一桌像样的饭菜，家里也收拾得干净利落。

三年级的时候，有一个叫刘权的男生老是脏兮兮的，同学们都不爱和他玩。吴苹走近刘权，才知道刘权的爸妈在无锡打工，爷爷去世了，他跟着70多岁的奶奶生活，家境困难，无人照顾。于是，吴苹放学后，经常到刘权家，指导他完成作业，教他洗衣服做饭，帮他干些力所能及的事。刘权变干净了，朋友也多了起来。

2004年11月，学校少先队大队开展了“走进你的心灵”留守子女调查活动，发现全校竟有108名留守子女。许多同学因缺少亲情，变得郁郁寡欢，生活自理能力差……看着这么多小伙伴与自己有着相同的生活经历，吴苹的心怎么也平静不下来。在辅导员老师的支持下，顾店小学“建设社会主义新农村，留守子女我能行”俱乐部成立了！吴苹当选俱乐部理事会主席。

俱乐部办得有模有样，有章程、口号和各种制度。通过大辩论，同学们认识到，只要留守子女有了“你行，我也行”的信念，困难就会变成动力。

俱乐部的活动有声有色。校园里设立了亲情电话，开辟了“我能行”竞技广场，开通了情感信箱，红领巾广播台增设了“留守子女风车”栏目，开展了“我给爸妈写封信”、留守子女艺术节等活动。

有了俱乐部这个温暖的家，留守子女不再为思念亲人流泪，不再面对空屋冷灶发呆，不再为失败沮丧，都在暗暗为自己鼓劲。他们学会了自己的事情自己做，学会了做力所能及的家务活，学会了交流思想，懂得了体谅父母、尊重他人。

吴苹，这个普通的农村留守子女，凭着“我能行”的坚定信念，走向了成熟，走向了成功。她光荣地获得了“全国十佳少先队员”提名奖。

父母不在身边的日子，会让人孤独，也会使人坚强；会失去亲情的关怀，也会给人带来锻炼的机会。坚强勇敢能让残疾人在奥运会上创造奇迹，也能让留守子女在人生的道路上走得更快更坚定。

让《中国少年报》陪伴留守儿童

“为了让农村留守儿童不再孤独，我们北京巨人学校捐 30 万元人民币，为全国地区留守儿童捐赠《中国少年报》！”

在“中央电视台春暖 2007”江西南昌录制现场，当北京巨人学校校长王淑敏把“爱心牌”高高举起时，全场响起热烈的掌声。

北京巨人教育集团董事长尹雄做出这个决定是在晚会录制前两天。

那天，我和尹雄先生在一起开会，他对我说，集团刚刚上市成功，准备为社会做些有意义的事情。我告诉他，我们正在开展为农村留守少年儿童捐赠《中国少年报》活动，让这些父母不在身边的孩子走出孤独，参加全国的少先队活动，看到外面的世界，和别的孩子一样享有同一片蓝天。

尹雄董事长一听，立即决定参加这项有意义的活动，决定与江西省铅山县紫溪小学结成手拉手学校，并为他们捐赠全年的《中国少年报》。

开学以来，捐赠队报活动在全国红红火火地展开。

开学第一天，北京力迈学校“爱心社”就掀起捐赠队报热潮，全校师生、家长共捐了 23418.5 元。

据中国少年报社捐赠办公室工作人员徐蒙介绍，第一个打进电话的是吴磊同学的爸爸，他说看到报上刊出的号召，他决定捐一份队报作为送给10岁儿子的礼物，并让儿子与江苏扬州射阳湖镇中心小学徐昕手拉手。

北京小学生王宇捐出39元，他说，他今年12岁，这是他送给自己的生日礼物。

11岁的贺紫丽生长在单亲家庭，她的妈妈在深圳打工，她们娘俩捐了78元，要为东北两名10岁女孩订全年的队报。

上海的郎运货代公司的梁江是位热心的女士，和她的好朋友自动组织起来，汇集了20000元，在节前把报款汇到了报社。

这些盛满爱心的队报，带着浓浓的情，正在飞往全国各地留守少年儿童手中。

伸出你的手，伸出我的手，让我们共同关注留守儿童，为他们送去更多、更好的“精神食粮”，让他们变得更加坚强。

朋友的名片

姓名：坚强

特征：在困难面前不畏惧，意志顽强，敢于拼搏，积极向上，坚韧不拔。

口头禅：你行，我也行。

快乐人生第三十二个朋友——自强

爸爸不在家，儿子当自强

李吉辰的爸爸是大连远洋运输公司油轮部的一名大副，长年出海不在家；妈妈是一名外事工作者，也经常出差、出国；奶奶年近七十，身体不好，有多种老年病。从李吉辰走进黑龙江黑河第二小学的那天起，爸爸就没有接送过他。因为爸爸的长年出海，他成了家里唯一的男子汉。他学会了自理生活起居，还跟爸爸学会了维修自行车、小电器，学会了保护怕走夜路的妈妈、照顾多病的奶奶，学会了心地善良、善解人意，学会了自立、自强，靠自己的能力去挑大梁……

10月1日是国庆节，也是李吉辰的生日。2005年国庆节前，李吉辰有机会去大连海船上看爸爸。甲板上，望着爸爸在飘扬的国旗下忙碌的身影，李吉辰明白了：新中国的生日比自己的生日更重要！主持人大赛上，他以这次真实经历和感受写成的演讲稿《不一样的生日》，感动得台下观众纷纷落泪……

寒假期间，为表达对戍边战士的敬意，李吉辰组织同学到驻军某部八连慰问，为在零下40多度寒风中值勤的战士佩戴红领巾。他在日记中写道："到了黑龙江中心，我们看到中俄界线被清楚地划分开。这里的温度低达零下40多度，我们只站了10分钟就受不了了，可战士们要站上3个小时才能换岗。他们说："如果我们休息了，就没人守护边疆了。这种为了国家牺牲自己的精神是多么值得我们学习呀！"

李吉辰是一个孝顺的孩子，还在一年级时，他在日记中写道："今天是正月十五，是团圆的日子，可惜爸爸没有在家。本来妈妈决定带我和奶奶去看扭秧歌，看冰灯，可就因为没有爸爸做保镖，妈妈决定还是不去了。"他暗下决心，要靠自己稚嫩的肩膀挑起替爸爸保护妈妈、照顾奶奶的担子。

他深知父母挣钱不容易，生活很节俭。他穿的许多衣服都是表哥穿小给他的，但他从不嫌弃。他也从不向爸爸妈妈要零食、零花钱，不和同学比吃穿。袜子坏了，他央求奶奶补好了接着穿；手套破了，自己学着缝好再用。

为了让在海上工作的爸爸能安心工作，少一点对家的牵挂，为了帮每天忙碌的妈妈分担一些忧愁，增添几分快乐，李吉辰下决心做一个全面发展的优秀孩子，不让父母操心。

李吉辰的学习成绩一直名列前茅，在市英语大赛、主持人大赛和中小学自然学科小制作比赛中他连连获大奖。2007年，他还获得"全国十佳少先队员"提名奖。在荣誉面前，李吉辰只是憨厚地一笑。他知道，通往未来的路还很漫长，就像爸爸的油轮在大海中远航，会遇大风大浪一样，为了心中的理想和目标，他选择了自立自强。

任何事情都有两个方面。父母不在身边的日子，会让你感到孤独无助；但又给你一个自强自立、自己长大的机会。

苦难是人生的大学，但并不是所有人的大学，只有那些自强的人，才

会在困难面前学到真正的知识，拥有真正的才能，而顶峰永远属于坚强无比的人。

给孩子一个自强的世界

少年强则中国强，少年富则中国富。

如何让少年强？在孩子成长的世界里，父爱是天空，母爱是大地。

父爱与母爱不同。

父爱给孩子以自强，母爱给孩子以自爱。父亲支撑着孩子的世界，母亲滋养着孩子的心灵。

孩子跌倒了。母亲说："孩子，摔疼了吧，以后要小心！"父亲说："孩子，没什么，自己爬起来，这就是生活！"

孩子在跑步。母亲说："孩子，跑累了，就歇歇，饿了吃点东西。"父亲说："孩子，飞起来，爸爸在前面等你！"

孩子要长大不能没有大地的慈爱抚育，也不能没有天空的坚强支撑。

父爱是天，因为父亲用坚强支撑了孩子的蓝天。

孩子需要责任。因为双肩没有担子的孩子，是不能承担大任的。

一位局长从中央到地方挂职两年。父亲离开家时，最担心处在青春期的儿子和妈妈处不好关系。于是，他把14岁的儿子叫到跟前，语重心长地对儿子说："我要走了，我的妻子身体不好就请你多照顾了，每天晚上请你关好门，关好窗，关好煤气罐再睡觉，拜托了！"

儿子惊讶地看着爸爸，点点头。一年后，爸爸回到家，妻子高兴地对丈夫说："你走后，儿子对我特别关心，每天晚上都主动关门、关窗、关煤气。"

儿子的变化，让这位爸爸十分欣慰。他知道，他不仅把照顾妈妈的责任交给了儿子，而且把照顾妻子的担子也交给了儿子。于是，儿子长大了。

德国诗人让·保罗说过一句话："孩子和闹钟一样，不能一味地给他们上弦，必须给他机会让他自己走。"

挑着担子的人走得快。对于留守少年儿童，不能只是一味怜惜，而是交给他们担子。责任能把一个稚嫩的男孩变成一个坚强无比的男人！

父爱，那是顶天立地的爱！

父爱是天。

朋友的名片

姓名：自强

特征：能在困境中站立，能在风雨中不倒，能勇敢地挑起重担快步赶路。

口头禅：让我自己走。

第八课

管理你自己

大千世界，五光十色，存在各种各样的诱惑。我们一定要管住自己，当好自己的管家。为了心中的目标，竭尽全力、锲而不舍地坚持下去。遇到困难、挫折、失败、批评时，要坚韧不拔，这样，成功一定离你不远。

快乐人生的第三十三个朋友——自控

“灰姑娘”的“水晶鞋”躲在哪里？

前不久，家住大西北的“灰姑娘”给我写来一封信，请求我帮她找“水晶鞋”。

信写得十分有趣。

知心姐姐：

您好。今天新换来一个男生坐在我后面，他好像一点都不高兴，一直噘着嘴。因为他离开了以前的同桌宝宝，宝宝是个“白雪公主”！可是，宝宝的新同桌王晓桐却受宠若惊，快乐得像只麻雀。唉，我可怜的后桌，昨天还是美丽纯洁的“白雪公主”身边快乐的王子，此时此刻却变回原来的青蛙。而王晓桐，他像做了一场梦一样，从一只井底之蛙，一下子变成了幸福的小王子。知心姐姐，也许青蛙王子的故事是随着公主的改变而改变的！而公主身边的王子不管是谁，她都会变成一位聪明美丽、善良纯洁的公主，好像一轮皎洁的明月，笑视身边若明若暗的小星星。

与“白雪公主”相比，我多像“灰姑娘”啊！平凡又普通，不过我相信，一定有一位只属于我的王子在前面等我。知心姐姐,你说是不是所有像我一样平凡的女孩都希望自己有“灰姑娘”那样神奇的命运呢？我不知道……我只知道,我是“灰姑娘”，只不过还没有找到我的水晶鞋，它一定躲在哪个角落里。我要等它。您说对不对？

其实，我也该知道了。老天也没有亏待我呀！

我现在很烦！请知心姐姐帮帮我！

小学生“灰姑娘”

“灰姑娘”的信写得太生动了，一下子让我想起，我小时候也曾希望自己有童话故事中“灰姑娘”那神奇的命运,也渴望有一双施过魔法、让自己变成美丽公主的“水晶鞋”。

你可能没想到，那时，我心中的白雪公主便是《中国少年报》上梳着两条小辫子的“知心姐姐”。我学着“知心姐姐”的样子也留起小辫子，还去照相馆照了“明星照”，等到取出照片一看，相片上的我却像个光秃秃的“小和尚”。我责问照相馆的人，怎么照得这么难看？照相馆的叔叔说了句名言：“长什么样，照什么样。”我气疯了，觉得自己就是“灰姑娘”，不好看就是因为没有那双施了魔法的“水晶鞋”。我开始像你一样找“鞋”。找呀找呀，找了许多年，去过满眼是鞋的“鞋店”，查看过黑漆漆的床下，可我一无所获，我也很烦很烦……经过许多年，有一天，我遇到一位“哲人”，他告诉我“水晶鞋”就在我脚上，而魔法就在我心中，只要我对自己说：“我爱我自己，我能控制好自己，走好自己的路，别太在乎别人怎么看！那就能实现我的梦想。”我照他的话做了,经过许多年后,我终于成为“白雪公主”了，也就是今天受大家喜爱的“知心姐姐”。

我想告诉“灰姑娘”的是：你自己就是施魔法的人，魔法灵不灵，就看你自控能力强不强。

你说得很好，“公主身边的王子不管是谁，她都会变成一位聪明美丽、善良纯洁的公主”。这正说明，公主之所以是公主，在于她有很强的自信心和自信力，她从不受别人的影响，而专心做自己该做的事。至于别人怎么看你，那是人家的事，你不必在乎。

只要你能这样做，你身边的青蛙都可以变成王子。

如何面对孩子长大

最近一段时间，我收到的中小学生来信中，百分之六十的烦恼反映的是男女生之间的情感纠葛。

面对一封一封情真意切的信，我想告诉父母的是，我们的孩子正在长大，正经历着“化蝶”的脱壳痛苦。这时候的孩子，需要的不是父母的责骂，而是朋友的忠告。

记得儿子上中学时，一次我去学校开家长会。他的班主任是位年轻的女老师，见到我笑眯眯地说：“您的儿子很有眼光，看上了我们班一个女同学，那个女同学个子高，长得也很漂亮，学习又好。可是，好像那个女生对您儿子并不在乎，所以他近来显得有些苦恼。”

听了这话，我顿时也苦恼起来：“我的儿子那么好，她居然看不上！”是啊！当妈妈的嘛，谁不觉得自己的儿子是天下第一呢？后来，我很想和儿子好好谈一谈，可又怕他不好意思。于是，就在一张小纸条上写了三句话，放在他的电脑键盘上。

“一个国家强大了，别的国家会主动跟你建交；一个人强大了，别的人会主动跟你友好；一个男孩强大了，好的女孩自然就会来到你身边。”

不知是不是这张纸条起的作用，反正儿子最终走出了烦恼，成了一个豁达、开朗、有能力、有魅力的小男子汉。如今已经长大成人，成为一个很有责任感的男人。

当孩子暗恋上一个异性而陷入痛苦时，你要用巧妙的方法告诉他，走出心中苦闷的小屋，走到众多的同学中间，去喊、去笑、去倾诉心声。朋友多了，世界就变大了。

当孩子很在乎别人的看法而情绪忽高忽低时，你要用自己人生的经历告诉他，人要学会管理自己的情绪，要明白自己该做什么，别人怎么看是人家的事，要从容、大度、自信、自控，“不管风吹浪打，胜似闲庭信步”。走出心情的困境，一定会发现“柳暗花明又一村”。

朋友的名片

姓名：自控

特征：当好自己情绪的管家，不受外界影响，不受别人情绪的干扰，做最好的自己。

口头禅：我能把控自己，我的事我做主。

快乐人生的第三十四个朋友——坚持

养成坚持的好习惯

有个男孩给我写信，说他干什么事都没长性，干几天就放弃了，所以什么事都做不成功，很是苦恼。他让我告诉他，怎样才能改掉这个坏毛病。

我给他讲了一个从《中国中学生报》上看到的故事：

一个猎人带了一只猎狗去打兔子。猎人一枪打中了兔子的后腿，兔子跑了。

猎人对猎狗说："去，把兔子给我抓回来！"

猎狗去追兔子，兔子早跑没影儿了。

猎人问猎狗："兔子呢？"

猎狗说："跑啦！"

"我都打伤了，你还没追上，你是怎么搞的？"猎人很不满。

猎狗委屈地说："我已经尽力了，他跑了我有什么办法？"

猎人没啥好说的，事情就这样过去了。

兔子跑回家，整个兔子家庭都轰动了。

"后腿被人打中了，还有猎狗在后面追，你是怎么跑回来的？”兔兄弟惊奇地问。

兔子说：“猎狗没追上我，回去顶多挨主人一顿臭骂；我要是被他追上，我就没命了。所以我是竭尽全力了！”

老师讲完这个故事，对同学们说：“谁能把这本书第15至17页全背下来，我请谁去旋转餐厅吃饭！”

同学们嚷嚷起来：“这本书的文字不押韵，根本就背不下来！”

这时，一个男孩站起来，一字一顿地说：“我能背下来！”几天以后，他果然一字不差地背了下来。

老师好奇地问：“你是怎么背下来的？”

男孩说：“我是竭尽全力了！”

这个男孩是谁呢？就是大家都熟悉的比尔·盖茨。比尔·盖茨之所以成为世界首富，正因为他从小养成了坚持的好习惯，做事情时一定会竭尽全力。

我告诉这个男孩，坚持是一种习惯，放弃也是一种习惯。习惯的力量是惊人的，习惯能载着你走向成功，也能驮着你滑向失败。如果你做什么事都不能坚持到底，那么时间一长，你就养成了半途而废的坏习惯，一生都会一事无成。

养成好习惯，只需要两个字“重复”。三周以上的重复会形成习惯；三个月以上的重复会形成稳定的习惯。做一件事时，你心里老想着：“我要坚持，坚持，坚持就是胜利！”坚持三周，你就会形成稳定的习惯。

亚里士多德说：“人的行为总是一再重复。因此，卓越不是单一的行动，而是习惯。”所以，在实现成功的路上，除了要不断地激发自己的成功欲望，有信心，有热情之外，还要搭上习惯这一成功的快车，实现自己的目标。

管理你自己，从养成好习惯做起吧！

坚持做好一件事

许多父母常常问我，给孩子报几个兴趣班合适？

前几天，我遇到一位叫王朝晖的爸爸，说起自己儿子上兴趣班的事，他很有成就感。

“别的父母都给孩子报了好几个兴趣班，特长班，我只给儿子报了一个游泳班。”王爸爸自豪地说。

“为什么只报游泳班呢？这是孩子的意愿呢，还是你的意愿？”我好奇地问。

王爸爸兴致勃勃地告诉我，他儿子10岁，叫王奕达，在齐齐哈尔市龙沙小学读三年级，王奕达6岁时上了游泳训练班，7天就学会了游泳，是班上学得最快的。教练对王爸爸说：“你儿子是我的骄傲。”成功的喜悦让儿子学游泳的兴致很高。但是到二年级学习任务重了，儿子开始喊“累”，喊“水冷”，不想去了。王爸爸并没逼儿子，而是自己下水和儿子比赛，发现从小会游泳的自己，已经比不过儿子了。儿子看到自己的进步，信心大增，坚持下来，现在已经学了四年了。

王爸爸说：“本来我只想让儿子身体好，不感冒，没想到，游泳培养了孩子的耐力和忍受力。”儿子在作文中说：“我能够在游泳上取得成功，是因为我能坚持。在学习中我也要发扬坚持精神，一点一点地去学，一定能取得好成绩。”果然，儿子学习方面进步也很大。

“您在乎孩子什么呢？”听了王爸爸的讲述，我问。

“我不在乎孩子的成绩，成绩好坏是一时的，我看重的是孩子对学习的兴致，只要他能从小尝到坚持的好处，就会自觉地养成做事专心、坚持不懈的好习惯。”

我很赞同王爸爸的观点。

孩子上兴趣班，培养的是兴趣。保持兴趣是最重要的，所以上太多的班，孩子每日在跑场，像完成任务一样，很辛苦，兴趣会大大减小。专心发展好一个特长，容易有进步，容易出成绩，孩子看到了自己的进步，成功感会大大增强，这样才会有坚持下去的动力。任何好习惯的养成都需要坚持。

学特长别贪多，坚持做好一件事。

朋友的名片

姓名：坚持

特长：看准目标，就会竭尽全力、锲而不舍地做下去，他知道，成功正在前方向他微笑招手。

口头禅：坚持就是胜利。

快乐人生的第三十五个朋友——自律

管住你自己

你知道什么人最容易成功吗？

能管住自己的人。

你知道什么人最受人尊敬吗？

能自觉保护环境的人。因为他们与“自律”交上了朋友。

朱涵章同学就是这样一个人。

有一天，我收到一封从新疆邮来的信。写信的人就叫朱涵章，他是一位中学生。几个月前我曾给他寄过一本我写的书《知心姐姐告诉你——做人与做事》。

朱涵章同学在信中说——

知心姐姐，看了您的书我才知道，并不是我一个人关注着中国的环境和资源，还有那么多哥哥、姐姐、弟弟、妹妹也在关注。

其实，我也算一个环保主义者，我来给您讲讲吧：用完的本子，我都放在一个大盒子里，积少成多，然后就卖给收废品的。我可以发誓，我这两年没有在大街上乱扔过垃圾，没随地吐过痰。每次出去和别人吃饭，我都要带一双筷子，我也有一年多没用一次性筷子了。在学校、街道看见垃圾，我都会主动捡起。

我很想参加你们那个“手拉手地球村”，但是没有机会，不知道您能不能给我一次机会。

朱涵章的行动很让我感动。我立刻在中国少年报编辑部的会上大声宣读，编辑们听了都和我一样感动。

一个人能自觉地做到“回收旧本子”“不在大街上乱扔垃圾”“不随地吐痰”“在街道上看到垃圾主动捡起”，已经很不容易了，更可贵的是他能坚持一年多“不使用一次性筷子”“每次出去和别人吃饭，都要自带筷子”，更是了不起！没人监督，自己管住自己就叫自律。你想想这样自觉保护环境的人能不受人尊敬吗？这不正是我们要寻找的道德模范吗？

朱涵章同学说得对，关注着中国的环境和资源的人不是他一个人，还有许多哥哥、姐姐、弟弟、妹妹也在关注。

记得有一次，我打开电视机，收看中央电视台《焦点访谈》节目，看见记者正在报道大连市“讲文明，树新风”活动。一位接受采访的大连男孩说：“管住我的嘴，不说脏话；管住我的手，不乱扔垃圾；管住我的脚，不践踏草坪。”

男孩子讲的“三管住”，给我留下很深的印象。中国的孩子真棒！

从这两位男孩身上，我看到了希望。

一个国家的文明形象，是靠每一个公民在公共场所彬彬有礼的言行举止塑造出来的；一个人美好的形象，是靠自己文明的行为塑造出来的；一个优美的环境，也是靠人创造出来的。

如果我们每一个人都能像这两个男孩那样自律，管住自己，那么一个干净、美丽、环保的中国将展现在世界人民面前，绿色环保的精神将打动世界上每一个人的心。

绿色环保，就从“管住自己”开始吧！

绿色童年从自律开始

4 月 12 日，博鳌亚洲论坛 2008 年年会在中国海南召开。这次论坛主题是“绿色亚洲”。围绕保护环境，各国领导人都谈到一个共同的话题：为了美好未来，今天必须投资未来，给孩子一个绿色童年。

为人父母，都爱孩子。真爱孩子，就要让孩子从小学会保护环境，为孩子塑造文明形象。

父母不妨做好两件事。

一是父母带头管住自己，不做不文明的事。比如过马路带头走人行横道，再急也不跨护栏、闯红灯；在公共场所遵守秩序，买东西带头排队；不说粗话，不乱发脾气，不随地吐痰……处处为孩子做出榜样。

二是要不断给孩子提个醒，唤起并强化他们自己管理自己的意识。比如，买了冰棍，孩子在剥冰棍纸时，您就提醒他：“想一想该扔到哪儿呀？”去别人家做客，您事先要告诉他，怎样当文明小客人……

我听人讲过这样一个故事：在德国一个娱乐场的绿色草坪上，散落着不少五彩缤纷的小球。原来，草坪尽头立着一块牌子，上面写着“请勿践踏草地”。玩球的大人和孩子，不小心把球投进了草坪，就让球待在那儿，谁也不会踩到草地上去捡球。绿绿的草坪上，点点彩球构成了一道动人的风景线。

这个故事告诉我们：文明一旦变成人们的自觉行动，会凝聚成一股巨大的力量，使人和环境都变得更加美丽。

正像高尔基所说：“哪怕是自己的一点小小的克制，也会使人变得强而有力。”

朋友的名片

姓名：自律

特征：自己约束自己，自己管住自己，不用别人监督，自觉地做自己该做的事，不做不该做的事。

口头禅：我能管住我自己。

快乐人生的第三十六个朋友——坚韧

他们为什么自杀？

4月16日，北京平谷区上营小学四年级11岁的男生小金在家服毒自杀。服毒前，小金在与父母的一张合影后面写了几句话：“爸爸妈妈，我舍不得离开你们。我是被逼的，压力太大了。”

为何小金留言自己服毒自杀是“被逼的”？师生反映，小金在15日下午数学考试的时候，因为使用计算器被班主任责备了几句。

3月6日，湖北枝江一中14岁女生覃瑶在教室课桌上留下一封遗书后失踪。两天后，她在校园里一处3米多深的池塘中被发现，早已停止了呼吸。

覃瑶是独生女。打小就跟母亲生活，在母亲眼里，覃瑶是个很聪明的孩子。1岁会数数，5岁开始读小学，连跳两级后9岁读初中，12岁又以全校第二名的成绩被保送到枝江最好的中学，当地媒体称她为“神童”。

覃瑶的压力一直很大，3月6日那天，她上外语课看课外书，被巡视的班主任李老师发现。课后，李老师批评了覃瑶，并说她这个学期不能“创星”，要和家长交流交流。

覃瑶在出事前写给父母的绝笔信中说：

爸爸妈妈，请原谅我做出这么不孝的决定。我知道你们会很伤心，但是，请不要为我而损害你们的健康，否则我会心疼的……我在学校里其实一直承受着巨大的压力，老师一直都对我看得很紧。他说不能看课外书籍，但你们却知道，我不看书是不可能的。于是，在第三次被他看到之后，我做出了这个决定。因为，我不知道要怎么面对你们。

考试使用计算器、上外语课看课外书而被老师批评，这本来都是小事，谁能想到，竟成了11岁男孩小金和14岁女孩覃瑶自杀的直接理由。

作家罗曼·罗兰说:“人生不出售来回票。一旦动身，绝不能复返。”可是，当很多人意识到这一点的时候，却已经太晚了！

两个正值花季的年轻生命，就这样悄悄地离开了我们，离开了这个世界！当我们为他们惋惜的时候，是不是也该想一想，为什么一次正常的批评竟然引发他们选择自杀？在遗书中他们都写出“我压力很大”的话！看来“压力大”，大得无法承受，是他们自杀的重要原因。

压力来自何方？来自父母的高期望、老师的严要求。这是当今大多数孩子都要面对的现实。难道这样的压力比死亡还难以面对吗？

如何面对压力？如何善待生命？对我们每个人来说都是值得深刻思考的问题。

一棵小树长大，要经过风吹雨打；一个小孩长大，要经过沟沟坎坎。世界上没有一种生命的成长是不经受挫折与失败的。挫败是成长的阶梯，困境是人生的第一所大学。一个人的成长就是经历一连串的磨难和考验的过程，迎接并克服磨难和考验的过程，你就会拥有足够的力量和智慧。

经历就是财富。假如在你生命的历程中交到一个朋友，那你就不会被各种压力压倒，这个朋友的名字叫坚韧。我们要成为未来社会的强者，就应当在生活中磨炼自己坚韧的意志，把挫折、不幸和困难当成自己人生最好的教材。

为孩子减压

两个孩子如此轻易地结束了自己的生命。理由都是一样的：压力大，无法承受。

而这压力，很大一部分来自父母对孩子的高期望。

覃瑶在遗书中说了这样一句："你们对我都有着很高的期望，对不起，让你们失望了。"

为什么过高的期望带来的往往是失望呢？

人不能没有目标。没有目标的人就像大海中迷失方向的船，四周一片茫然，不知彼岸在何方，终究会由于能量不够而翻船。但人的目标也不能太高，太高了超过自身的能力，就很难达到。总也达不到，人就容易放弃，"揠苗助长"的结果只能是夭折。中外一些所谓"神童"的自杀，给我们敲响了警钟。

适合的，才是最好的。

适合的期望与目标，带给人的是动力；过高的期望与目标，带给人的只能是压力。

对于未成年人来说，很在乎父母怎么看待自己，他们内心敏感，会察言观色，希望得到好评。当他们从细微的观察中，感觉到父母对自己不满时，心中就感到了一种无形的压力。虽然父母并没有直接给他施加压力，但他们自己意识到，只能成功不能失败，只能受表扬，不能受批评。这是很不幸的。

因为，任何一个孩子成长的历程，都是一个不断失败——成功，失败——成功的过程；也是一个不断犯错——知错——认错——改错的过程。不允许孩子失败、犯错是对孩子的伤害。

今天的孩子普遍感到压力大，帮助孩子减压，是父母的责任。

那么，父母该如何帮孩子减压呢？我有四条建议：

建议一：期望低一点，目标少一点；

建议二：满意多一点，不满少一点；

建议三：鼓励多一点，指责少一点；

建议四：体验多一点，说教少一点。

让我们和孩子一起面对失败、错误、困难与挫折，培养孩子坚韧的意志，努力成为孩子知心的朋友。

朋友的名片

姓名：坚韧

特征：遇到困难不害怕，遇到挫折不后退，遇到失败不沮丧，遇到批评不回避。

口头禅：没什么了不起！

图书在版编目（CIP）数据

告诉自己太好了！／卢勤著．—南京：译林出版社，2014.10
ISBN 978-7-5447-4768-4

Ⅰ.①告… Ⅱ.①卢… Ⅲ.①家庭教育 Ⅳ.①G78

中国版本图书馆CIP数据核字（2014）第111629号

书　　名　告诉自己太好了！
作　　者　卢　勤
责任编辑　王振华
特约编辑　林园林　张兰坡
出版发行　凤凰出版传媒股份有限公司
　　　　　　译林出版社
出版社地址　南京市湖南路1号A楼，邮编：210009
电子信箱　yilin@yilin.com
出版社网址　http://www.yilin.com
印　　刷　北京京都六环印刷厂
开　　本　710×1000毫米　1/16
印　　张　11.5
字　　数　150千字
版　　次　2014年10月第1版　2014年10月第1次印刷
书　　号　ISBN 978-7-5447-4768-4
定　　价　24.80元